美国〉四种表情

4 CITIES OF UNITED STATES

李琦芳 汤涵婷 廖敏 著 姚荣 摄影

新华出版社

●●●华盛顿D.C.·美国往事

城市不是接不着地气的鲜切花和装点行囊的明信片，它自有其因果与脉络。而作为一座首都，这前世今生间的百转千回便折射出一个国家的文化生态。

想要了解所谓的美国精神，想要获得真正的美国体验……

你绝不能错过华盛顿这部美国往事。

■■■芝加哥·幸福终点站

“芝加哥是一座伟大的美国城市。它也许是美国硕果仅存的伟大城市。”（诺曼·梅勒）

“我这种人的城市啊，那就是芝加哥！”（弗兰克·辛纳屈）

从天文博物馆到海军码头，沿着浩渺的密歇根湖湖滨依次展开体育场、美术馆、博物馆、公园绿地和美轮美奂的城市天际线，站在这条与太平洋和大西洋海岸线迥然不同却又一样美丽的美国“第三海岸线”上，我们习以为常的，与现代都市间“拉奥孔”式的抵死纠缠竟消弭于无形，变得温暖而柔软。恍然间，一个城市所能提供的终极幸福不期而至。

◆◆◆拉斯维加斯·天堂口

人间。地狱。天堂。

从琐碎平凡的日子穿越宛如炼狱的荒漠，你看见天堂口。

"在这里发生，在这里结束"（What happens here, stays here），天堂口最著名的广告语，这是由欲望构筑的幻境，你心安理得地及时行乐。

只是，当欲望的满足成为灵魂出窍的最佳形式，当你如骇客尼奥一般义无反顾地穿越真实的荒漠，到达鲍德里亚用语言、沃卓斯基兄弟用影像所描绘的拟像世界时，是否还能听到彼岸接线员的召唤？

天堂口，天堂的入口抑或缺口。

▲▲▲旧金山·感官世界

"旧金山是我最喜欢的城市之一，我几乎可以把它排在心目中的第一名，它不大，却充满了镜头感，绝不缺乏精致微妙的细节与层次，你永远不必担心找不到一个陌生又趣味盎然的角度，去体味，去欣赏。"（李安）

"如果你还活着，旧金山会让你生机勃发；如果你已经死去，旧金山将带你浴火重生。"（威廉·萨拉扬）

旧金山需要慢慢去看，去听，去闻，去尝，去触摸，去回忆甚至去幻想。松弛、自由、开放、包容，这座城市将打开你闭塞的感官，释放你枯萎的灵魂。

Washington D.C.

华盛顿 D．C．●美国往事

●城市不是接不着地气的鲜切花和装点行囊的明信片，它自有其因果与脉络。而作为一座首都，这前世今生间的百转千回便折射出一个国家的文化生态。●想要了解所谓的美国精神，想要获得真正的美国体验？●你绝不能错过华盛顿这部美国往事。

●●●一座首都的双重人格

●第一次到华盛顿哥伦比亚特区（Washington D.C.）的时候正好是樱花烂漫时节。

●作为一个初次访客，自然要去白宫、国会山、林肯纪念堂、肯尼迪艺术中心等等地标。几天走下来，每一处都在脑海中定格成为一帧明信片，每张明信片上都是一个充满象征意味的符号。美轮美奂，却显得不真实。

●美国首任总统华盛顿

●其实不单我是这样，几乎每一个初次来到华盛顿哥伦比亚特区的人都有过这样的茫然时刻。后来到访的次数多了，这个城市才渐渐鲜活起来。

●同美国其他城市不同，对于大多数人来说，尽管关于华盛顿哥伦比亚特区的文章连篇累牍，它依然面貌模糊。哪怕单从它的名字来看也是令人费解，叫做华盛顿便很容易和华盛顿州混淆，叫做华盛顿哥伦比亚特区又佶屈聱牙得很。不像纽约、芝加哥、旧金山或者新奥尔良，这些城市都是可以预期的，至少也是可以估摸个八九不离十的。而华盛顿，更像是从大陆上凭空割裂出来的一个孤岛，像是一朵鲜切花——总归接不着地气。

●正因如此，华盛顿哥伦比亚特区是一个令人十足

好奇的地方。

●这里是美国的首都，却由一个法国人设计。同样，作为首都地标之一的史密斯索尼亚博物馆群(Smithsonian Museums)由一个英国人捐资成立。

●作为全国的权力中心，华盛顿哥伦比亚特区的居民却只有上税的义务，没有投票的权利。

●尽管是美国的首都，华盛顿哥伦比亚特区的社交环境却洋溢着一种可以称之为“国外”或者“国际化”的氛围。甚至在亚当·摩根这样的街区，流行的语言都不是英语，而是西班牙语。

●华盛顿强渡特拉华河

●这里到处都是上紧了发条的人，说是雄图大略也好，说是野心勃勃也好，都在不遗余力地向权力巅峰发起一轮又一轮的冲刺，然而这里又有一种南方的懒散氛围。

●亨利·亚当逊曾将华盛顿哥伦比亚特区称为“交谈之城”，人们深知言语的力量，谙熟交谈的技巧，热衷于飞短流长和各种派对，但一到夜深时分，城里大多数地方一片死寂。

●尽管身处一个男权当道的世界，华盛顿哥伦比亚特区这个城市本身却充满了阴柔的气息。与其说它是一个绅士，不如说它更像一个名媛——她优雅、可爱，却又诡计迭出，仿佛许诺了你点什么，可绝不会让你

轻易得手，正是这种魔力把无数人吸引到她的石榴裙下不能自拔，心甘情愿俯首称臣。

●这是一个白人统治的国度，但这个国家首都人口的大多数却是非洲裔美国人。当年，由于华盛顿哥伦比亚特区濒临南北分界线的地理位置，这里成为南方逃跑的奴隶通往自由的门户，这也正是今天华盛顿哥伦比亚特区非洲裔人口的历史源头。20世纪50年代末，非洲裔美国人人口首次超过白人人口，到1975年，非洲裔美国人人口占华盛顿人口的70%。在很长的一段时间，华盛顿哥伦比亚特区都在上演着双城记，白人的华盛顿哥伦比亚特区和非洲裔美国人的华盛顿哥伦比亚特区依然泾渭分明。1963年8月28日，正是在这里，20万人聆听马丁·路德·金振聋发聩的演讲“我有一个梦想”。

●虽然孕育于一种全新的文化和意识，但这个自由国度的首都曾由奴隶建造。当年联邦政府向种植园主付费购买劳力的字据至今仍令美国人尴尬。

●毫无疑问，政府是华盛顿哥伦比亚特区存在的最大理由，政治是这里最大的产业。华盛顿哥伦比亚特区如同一块磁石，吸引着这个国家最好的思想家、演说家、外交家、商人蜂拥而至。在人们的印象中，华盛顿哥伦比亚特区的居民似乎都是候鸟，来了又走。但其实随着总统换届或国会更迭变迁的人不过占去整个人口极少的一部分。一个有趣的事实是，绝大多数的华盛顿哥伦比亚特区人并不为政府工作。人们选择这里定居的原因是这里有更多科技、教育、公共政策和国

●美国著名民权运动领袖马丁·路德·金。

●1963年8月28日，20万人在华盛顿聆听了马丁·路德·金“我有一个梦想”的著名演讲。

际事务等方面的机会。

●在好莱坞的版本里，华盛顿哥伦比亚特区是一个可疑的城市。它跟真实的世界截然不同，那里满是谎言、欺诈和无赖，生活就是一个接一个的危机。怀着美好梦想的年轻人纷至沓来，不由自主地融合成为这里的一部分，最后落得同样一副可憎的政客嘴脸，一副他们先前所深恶痛绝的模样，更糟的是，这副嘴脸如同铁面具，不把自己弄得体无完肤休想摘除。对于这个城市改变人的力量，威尔逊总统曾经说过：“这个城市自成一体，身陷其中你很容易忘记美国其他地方在想些什么……蜂拥在你周围的人经常把你弄得晕头转向，你会忘掉他们其实是一小撮人，反而误以为他们就是现实生活中的大多数。”

●恰恰是在这样的矛盾和反差中，一个真实的华盛顿哥伦比亚特区在向你款款走来。它既不是好莱坞电影里的角斗场，也不是明信片般的人工花园。作为美国首都，它在妥协中诞生，在梦想中崛起，在成长的过程中，它同样经历过荣辱兴衰，它同样体验过欢乐悲哀，它同样有着自己的尴尬和无奈。不论是否完美，这座城市就是一个生机勃勃的有机体。

●而华盛顿哥伦比亚特区的发展史就是一部美国往事，每一位游客可以在这里看到一部完整的美国发

展史——从原住民到非洲裔美国人，从殖民时期到革命战争，从内战到世界大战。城市里的建筑、纪念碑、墓地、军事遗址等每一个细节都在向你讲述美国。对于游客而言，要想获得真正的“美国体验”，就不能错过华盛顿。

●林肯纪念堂。

●阿灵顿国家公墓。

●●●把荒野变成伊甸园

●作为一个摒弃了所有“神权”观念的民主社会国家，它的首都本身就应该向全世界昭示一种全新的秩序。这个大前提决定了首都的基调：它应该够强大，但又不能显得专政；它应该够宏伟，但同时又不能拒人于千里之外。

●让我们先从时间的维度来走进华盛顿。

●如同美国宪法的诞生是一个奇迹一样，美国的建都过程也是一个传奇。

●革命战争结束后，在这个崭新的国家里各州基本是各自为政，对于一个生活在纽约的人而言，他更愿意被贴上“纽约人”的标签，而不是被称为“美国人”。为了有效凝聚各州，建都被提上了日程。1790 年，在革命战争结束七年之后，国会决定授权乔治·华盛顿选择一个地方作为首都。

●作为一个摒弃了所有“神权”观念的民主社会国家，它的首都本身就应该向全世界昭示一种全新的秩序。这个大前提决定了首都的基调：它应该够强大，但又不能显得专政；它应该够宏伟，但同时又不能拒人于千里之外。

●首要的问题当然是建在哪里？考虑到当时的 13 个州都在东海岸，理所当然就应该在它们的中间地段选择一个地方建都。作为南北对立诸州在政治上妥协的结果，综合权衡下来，需要选择“南方”某处作为首都。位于马里兰州和宾夕法尼亚州边界的梅森－迪克森线（Mason—Dixon Line）正是当时北方和南方的分界线，因此位于梅森－迪克森线南部 60 英里处的这片区域成为首选。对于首都，国会只有两点要求：面积不应超过 10 平方英里；位置应该在波多马克河边。考虑到船运便利，1791 年华盛顿总统指点江山，选定了马里兰和弗吉尼亚的一片荒原，这片地方被命名为哥伦比亚特区。不过，开国元勋没有想到的是，随着以后更多的西部州加入联邦，首都的位置越来越偏东。

●选定地点之后的第二个问题是，首都应该建成什么样子？

●1791 年华盛顿总统选定了马里兰和弗吉尼亚的一片荒原作为首都。

●法国青年皮埃尔－查尔斯·朗方 36 岁时成为华盛顿 D.C. 的规划师。

●尽管华盛顿总统博学多才，他还是清醒地认识到建都需要专家意见。法国青年皮埃尔－查尔斯·朗方进入了华盛顿的视线。朗方出生在法国。参加美国革命战争之前，朗方师从父亲在巴黎皇家绘画和雕塑学院学习艺术。1784年，朗方参与了纽约的市政规划，其艺术才华崭露头角。在战争中，乔治·华盛顿和朗方结下友谊。朗方的履历表上有两点很吸引人，他曾经参加过抗击英军的战斗，他还设计过联邦政府位于纽约的总部，更何况，他还有法国人的激情和浪漫。因此，在考虑首都规划师时朗方脱颖而出也就不足为奇，获得这个机会时朗方36岁。

●1789年在给华盛顿总统的信中，朗方写到："有史以来，可能还没有任何一个国家有这样的天赐良机来任意设计建造一个首都。"用他自己的话来说，他面临的挑战是"把荒野变成伊甸园。"1791年朗方初抵这片未来被称为"华盛顿哥伦比亚特区"的地方。可想而知，在策马四方勘探测量的时候，朗方看到的分明不是眼前的荒原，而是一个伟大的首都，到处是一眼望不到头的宽阔大道，大道两旁是巴洛克风格的建筑、美轮美奂的殿堂式政府机构和各种令人心情舒畅的风景。朗方认为："首都不应该仅仅是一个生活和工作的地方，而应该是一个象征……它象征着一个伟大的国度在新大陆上横空出世……"

●今天，朗方的华盛顿哥伦比亚特区规划被认为是美国城市规划最杰出的成就之一。但在当年，很多人并不这样认为。其实，按照预先的规划来建造城市早已有先例可循，托马斯·杰弗逊本人都曾经向朗方提供过多个欧洲城市的规划蓝图。朗方的可贵之处在于，尽管受到这些蓝图的影响，特别是受到巴洛克式的恢宏风格的影响，但他不落他人窠臼，提出了自己原创性的规划。

●让我们不妨假设一下，如果一切按照朗方的设计方

●勘测地形的华盛顿和朗方。

●城市东西轴线上的国会大厦、华盛顿纪念碑和林肯纪念堂。

案实行，今日的华盛顿哥伦比亚特区是怎样的面貌？

●朗方的第一个决定是将未来的“国会大厦”放在杰金斯山上，在这里可以俯瞰波多马克河。在国会山下沿着西轴线延伸出来一条400英尺宽的景观大道(Grand Avenue)，也就是现在的国家广场（National Mall)。按照朗方的规划，这条大道两侧应该分布着外国使馆和文化机构。大道尽头是一座乔治·华盛顿

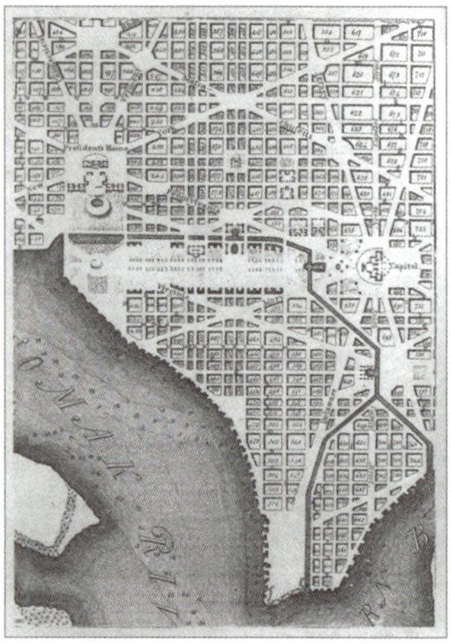

的马上雕像。雕像北侧则是总统府。连接总统府和国会山的是一条长达一英里的商业长廊，也就是今天的宾夕法尼亚大道。朗方的设计以国会大厦和总统府为两个基点，分别辐射出若干条宽广的大道，这象征着政府的开放透明和可以企及。

●作为一个有良好艺术素养的规划师，在朗方规划中大自然是一个重要的组成部分。自然景观主要包括波多马克河、第伯溪及其北边的山脊和东边的山丘。他要将第伯溪改造成一条运河，并在沿岸的山丘上修建公共建筑，一道人工瀑布将从国会山飞流直下。

●除了这些核心的纪念碑式建筑，朗方规划出一个网格状的城市，各个街区由宽阔的对角线大道连接，连接处的各个环岛将是当地居民活动的中心。今天，在弗蒙大道和13街的交会点，仍能清晰地看到朗方的意图。

●值得指出的是，所有这些天才的规划都是在很短时间内完成的。1791年6月，乔治·华盛顿看到了规划草图，赞许有加。

●当时美国人口最多的城市是费城，也还不到四万人，朗方规划的这个首都却要装下八万人，几乎相当于美国建国初期费城、纽约、波士顿三大都市的人口总和。在有限而持久的形式中昭示无限的民主理想，这是朗方给自己出的题。然而，对于年轻的共和国来说，这个命题过于宏大，无法立即实现。除此之外，

●在朗方的规划图中，华盛顿是一个网格状的城市，各个街区由宽阔的对角线大道连接，连接处的各个环岛将是当地居民活动的中心。

●1915到1930年间的华盛顿国家广场。

现实层面上的各种问题也接踵而至。

●首先是朗方和行政长官之间的矛盾。其中之一正是时任国务卿的托马斯·杰弗逊。正因为托马斯·杰弗逊博览群书，学识渊博，他对未来的首都规划早已胸有成竹。但朗方是如此雄心勃勃，以至于他不愿意听取任何相左的意见或者做出任何妥协。1791年10月，举办了一场为公共建筑募集资金的土地拍卖会，尽管乔治·华盛顿要求朗方在会上提交城市规划图，朗方却拒绝了。或许是在搞艺术的朗方看来，钱不应该成为问题。毫无疑问，这被视为朗方公然向托马斯·杰弗逊叫板。

●其次是朗方和当地居民之间的冲突。一个名叫丹尼尔·卡罗的富商在国会山上修建了一幢豪宅，直接破坏了朗方的整体规划。朗方下令拆除，卡罗断然拒绝。一意孤行的朗方毫不犹豫地找来工人强行拆除，一时间沸反盈天。

●固执和鲁莽的代价是1792年2月乔治·华盛顿解雇朗方，签署解雇令的正是托马斯·杰弗逊。

●由于事发突然，朗方的很多计划还没有完成。不得已，乔治·华盛顿请安德鲁·埃利寇特依据朗方的描述和笔记完成城市规划图。埃利寇特是勘测华盛顿

哥伦比亚特区的第一人，然而在历史上他的功绩往往得让位于他找来的助手所身负的象征意义。埃利寇特找来的助手是他的邻居本杰明·班内克。班内克是一名非洲裔美国人，他的父亲是一名黑奴，而他生为自由人。班内克自学成才，精通算术和天文。当他60岁的时候，埃利寇特邀请他帮忙勘测及绘制华盛顿哥伦比亚特区的土地。两个人夜以继日地工作了三个月，勘测了哥伦比亚特区的边界，并在每英里处均埋设一个界碑。一个非洲裔美国人参与美国首都的创建过程，本身就极具象征意味。今天，在第10街和G街交会处，有一个公园专为纪念班内克而设立。在埃利寇特和本杰明·班内克的不懈努力下，终于绘制出了基本忠于朗方初衷的规划图，而这正是今天华盛顿哥伦比亚特区的设计蓝图。

●在朗方解雇令上签名的托马斯·杰弗逊。

华盛顿纪念碑。

●林肯纪念堂。

“街上大多数妇女都有伤风化”

●此后，因为美国尚在奋力图存，资金有限，建都进展十分缓慢。由于没有税收支持，城市建造者必须通过出售地产的方式来征募资金。1800 年，只有不到 10% 的地产售出，街上满是泥泞，蚊蝇肆虐，牲畜横行，未完工的国会大厦和总统府看上去更像难民营。

●1812 年第二次英美战争成为华盛顿哥伦比亚特区的第一个转折点，1814年8月英军一把火烧掉了包括国会大厦和总统府在内的绝大多数联邦建筑。弗吉尼亚政府发现等了 50 年，这个前途堪虞的首都仍然是纸上谈兵。1846 年，弗吉尼亚收回部分土地，使得今天华盛顿哥伦比亚特区的地图看上去像是被人硬生生地掰下了一块，只剩下 68 平方英里的土地。好在这时当地的银行家突然开窍，纷纷慷慨解囊，这才使得今天的美国首都没有花落旁家。但种族矛盾、贫富悬殊使这里充满了罪恶、肮脏和贫穷，首都的建造再次停滞不前。

●1861 年内战爆发，再一次成为华盛顿哥伦比亚特区的转折点。内战爆发前，这个城市的人口不到 53000，1870 年人口已经翻番，其中包括四万先前的奴隶。人口的急剧增长远远超出原有市政规划的负荷。1870 年城市街道基本都是土路，更糟糕的是，因为没有下水道，华盛顿运河就成了露天下水道，今天的杜邦环岛（Dupont Circle）正是当年的垃圾场。

●随着国家的统一成为首要的焦点，华盛顿哥伦比亚特区必须确立更有权威象征的中心地位。尽管囊中羞涩，林肯总统还是毅然决定继续支持国会大厦的建造。

●这个时期，内战期间的诸多重大战役都在华盛顿哥伦比亚特区附近。作为防御工事的 68 个城堡从此矗立在周围。1864 年 7 月，南方军队进攻到哥伦比亚特区境内距离白宫只有五英里的斯蒂文斯城堡。林肯亲自到城堡视察战况，成为美国惟一一个在就任期间上战场的总统。

●常年的战争使华盛顿哥伦比亚特区成为一个巨大的荣军院，高峰时期容纳五万伤病员。随之而来的是四千娼妓。当时的一家报纸报道：“街上大多数妇女都有伤风化。”

●这个城市同“首都”的称谓相差如此遥远，以至于部分国会议员建议迁都。

●有鉴于此，格兰特总统指定了一个班子重塑首都，负责人是人称“老板”的亚历山大·罗比·谢泼德。谢泼德是一个土生土长的当地生意人，有着铁一般的意志，在他的领导下，整个城市被开膛破肚，整个市政建设从头来过。但雷厉风行的谢泼德往往无暇咨询整个班子的意见，结果是预算严重超支，费用高达两千万美元，城市面貌大有改观，但华盛顿哥伦比亚特区也破产了。

●美国国会很快撤销了地方政府机构，对华盛顿哥伦比亚特区实施了近一个世纪的直接管理，直至 1973 年。

●常年的战争使华盛顿哥伦比亚特区成为一个巨大的荣军院，高峰时期容纳五万伤病员。随之而来的是四千娼妓。当时的一家报纸报道：“街上大多数妇女都有伤风化。”

从一个南方小镇走到世界中心，它只用了50年

●19世纪末，就在华盛顿哥伦比亚特区迎来百年华诞之时，人们意识到应该重新美化城市，更重要的是，在美国成为世界强国的时代背景下，人们认为有必要强化华盛顿哥伦比亚特区作为美国首都的地位：华盛顿哥伦比亚特区不仅应该在文化层面上同欧洲各国的首都平起平坐，还应该反映出美国政府在世界舞台上的力量。

●这一次，密歇根州参议员詹姆士·麦克米兰挑大梁负责首都改造。他找到了四位才华横溢的设计师，包括建筑师伯纳姆和麦克金，景观规划师奥姆斯特和雕塑家圣高登。伯纳姆领导的设计团队迅速使华盛顿哥伦比亚特区改头换面。

●美国建筑学院（AIA）首次担当顾问角色，他们认为华盛顿哥伦比亚特区正是推进"城市美化运动"的不二之选。今天，散布华盛顿哥伦比亚特区各处的大量艺术化风格的经典建筑正是当年"城市美化运动"留下的痕迹。1910年，美术委员会成立，以确保麦克米兰的城市改造成果在未来得以保存。总统特别颁布命令，赋予美术委员会对华盛顿哥伦比亚特区的公共建筑、桥梁、公园、纪念碑等进行审核的权力。

●随着麦克米兰规划的大力推进，朗方当年的规划进一步付诸实施。此时距离朗方规划已有一百余年。今天展现在我们面前的公园风光、宽广的大道和开放的公共空间，正是当年朗方规划的精要，朗方如果泉下有知，也应备感欣慰。

●接下来的事件令华盛顿哥伦比亚特区目不暇接。一战、大萧条、新政、二战，越来越多的人涌入华盛顿哥伦比亚特区，其中包括大量就职于政府部门的女性。到1945年二战结束之时，美国一举成为这个星球上最强大的国家。措手不及之间，华盛顿哥伦比亚特区开始成为世界的焦点。

●1961年肯尼迪总统重新改善城市规划，其中最为人称道的是将政府员工从国家广场迁出。自20世纪90年代以来，日趋完善的公共交通设施、下降的犯罪率和复苏的经济都使得城市焕发光彩，华盛顿哥伦比亚特区开始成为房地产商追捧的地方。

●经历了战争、死亡、骚乱、财政危机等等困难和挑战，华盛顿哥伦比亚特区一步步走到了今天。

●从一个南方小镇走到世界中心，它只用了50年。

●伯纳姆设计的联合火车站（Union Station）内景。

●今天，散布华盛顿哥伦比亚特区各处的大量艺术化风格的经典建筑和雕塑正是当年"城市美化运动"留下的痕迹。

●联合火车站前的广场。

●●●如果说“自由世界”有一个地理中心，那就是这里——国会山

●从空间的维度来看，华盛顿哥伦比亚特区市中心区保持了“横向发展”的特点。

●所有建筑高度不得超过国会大厦的穹顶，惟有华盛顿纪念碑例外。

●这一规定使得今天在华盛顿哥伦比亚特区漫步成为一件心旷神怡的事情。

●探索华盛顿哥伦比亚特区当然应该以国会山为起点。

●“如果说‘自由世界’有一个地理中心，那就是这里——国会山。” 请注意，位于中心的不是白宫，而是国会大厦，这一中心位置确切地反映了美国的“民主理想”。当然，除了这层象征意义，我们也不要忘记国会山的确是华盛顿哥伦比亚特区的地理中心，这里也正是当年朗方规划的一个原点。以它为中心，华盛顿哥伦比亚特区被划分为东南、西南、东北、西北四个区域。

●应该指出的是，华盛顿哥伦比亚特区市内有许多地方被视为美国真正的中心或象征性的中心。早年间有人热切期望用新的子午石取代格林威治天文台，因为后者是“旧秩序”的象征。今天，人们仍能在草坪广场看到，标志轴线交汇点的不是偏离轴线的华盛顿纪念碑而是“杰弗逊石”，在艾利普斯的北端还有一个测量道路远近的零度石。在国会大厦这座圆形建筑的地下室有一块罗盘玫瑰石。且不说这里的重要地位、这里俯瞰四周的绝佳地理位置、这里气势磅礴的宏大建筑，单为看看意大利雕塑大师布鲁米迪的作品，国会大厦就值得前往。

●在国会大厦对面，一栋希腊神庙似的建筑就是美国的国家支柱——联邦最高法院。在许多华盛顿哥伦比亚特区的招贴画上，你都会看到国会大厦、白宫和最高法院这三座建筑。它们象征着三权分立、互相制衡。相比于其他二者，最高法院往往让人敬而远之，其实不然。在最高法院举行听证和辩论的日子里，好奇者可以进去旁听三分钟。

●国会大厦旁边就是国会图书馆，自1897年开放以来，这里就是美国最美的公共建筑。国会图书馆和托马斯·杰弗逊密不可分。美国的国会图书馆始建于1800年，1814年第二次英美战争中被英军付之一炬后，杰弗逊将自己收藏的6487册图书卖给国会图书馆，法律、文学、历史、科学、建筑、哲学等无所不包。他的收藏为今日的国立图书馆藏书奠定了基调——不设边界。1851年国会图书馆再遭灭顶之灾，一场大火毁了三分之二的馆藏。直到今天，图书馆还在全球范围征集图书。现在，图书馆的藏品包括1800万册图书，450万张地图和23任总统的手稿，图书馆的书架加起来长达800多公里。在Google推出网上图书馆的今天，竟还能拥有书香扑面的感觉，真好。

●或许，华盛顿哥伦比亚特区最值得称许的就是如此多的地方都可以免费参观。除了博物馆、纪念堂等，联邦政府机构都向公众免费开放，包括国会大厦、白宫、五角大楼、FBI大楼、国会图书馆和国家档案馆。由于CIA、 FBI、五角大楼近在咫尺，期待见

●国会图书馆。

识一下谍海风云再自然不过。除了可以参观这些机构，你真的可以参加间谍之旅（www.spydrive.com），参观冷战博物馆（www.coldwar.org，这是一个流动展览），或者耗资3000万美元建造的国际间谍博物馆（www.spymuseum.org），而在乔治城（Georgetown）闲逛的时候可以留心找找K街上的Chadwicks餐厅，在这里一个美国特工出卖了20名在前苏联工作的CIA同事，导致其中10人遇害。

●国会山区域除了象征法律公正和知识的大理石殿堂，这里同样有充满生活气息的市场和花园，还有伯

纳姆设计的联合火车站（Union Station）。

●尽管单单联合火车站都值得你逛上半天，但我们还是先到国家广场（National Mall）吧。此Mall非彼Mall，跟购物可以说没什么关联。位于宪法大道和独立大道之间的国家广场由众多博物馆组成，绵延三公里。国家广场已经成为美国"最伟大的富有象征意味的风

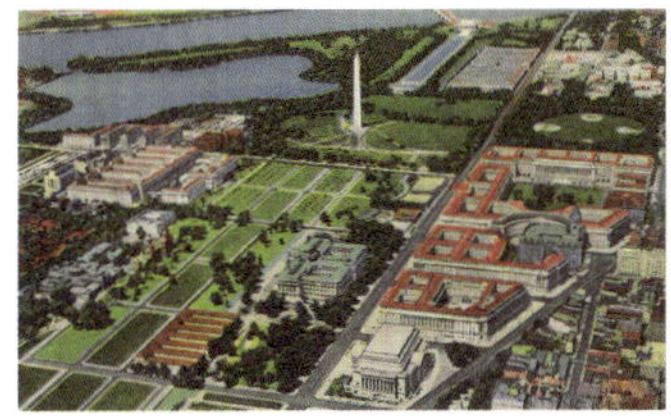

景"。今天，国家广场不仅是多个举世瞩目的博物馆和纪念碑所在，更是华盛顿哥伦比亚特区生活的重要背景——从每年的7月4日国庆焰火庆典到史密斯索尼亚民俗生活文化节，从小规模的公共事务抗议活动到百万母亲大游行。

●每年国家广场管理委员会会收到近3000个活动申请和多个建筑、雕塑项目的申请。今天华盛顿哥伦比亚特区的规划者甚至在计划引进一个水上计程车的项目，以促进旅游观光事业。或许下一次再到国家广场，你会看到一些新的雕塑或者纪念碑，但这些不会改变朗方当年的设计初衷，即这里应该是全国性的公共活动区域。当年在一封给乔治·华盛顿的信中朗方写道："我想我们应该意识到一个伟大的国度正在这片大陆上冉冉升起……未来这个国度的面貌必须展现我们的信念。""可能有些规划对于今天的我们过于宏大，但对于我们的子孙后代则是恰如其分。"从这个意义上看，朗方的确是站在未来思考。

●伯纳姆设计的联合火车站。

●1936年的国家广场。

●1976至1988年间的国家广场。

Coca-Cola
Slipknot

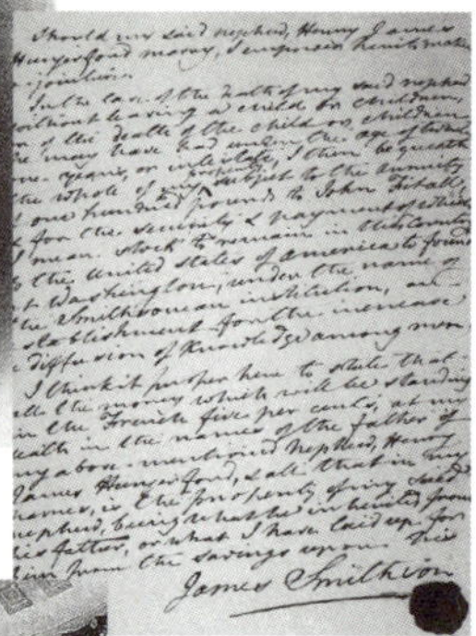

一个私生子对全人类的捐赠

●有趣的是在很长一段时间里我都以为国家广场就是史密斯索尼亚的博物馆群，后来才知道国家广场不仅仅只有史密斯索尼亚的博物馆，史密斯索尼亚的博物馆也不仅仅只分布在国家广场。

●即使是华盛顿哥伦比亚特区当地人，即使是去过很多次，很多人也会带着点像去麦加朝圣一般的心情前往史密斯索尼亚博物馆。博物馆的来历本身就很有戏剧性。1829 年，一个从来没有到过美国的英国科学家詹姆斯·斯密森向美国捐赠了一笔遗产，要求“在华盛顿哥伦比亚特区建立一处增进及普及知识的所在。”至于他为什么要这么做，一直是个谜。关于原因有两种猜测。除了猜他可能对美国一见倾心，还有一个更加合理的猜测：斯密森是一个公爵的私生子，一直不被允许使用父亲的姓氏，一怒之下他将遗产捐到了地球另一端的美国。根据他的遗愿，如果他的侄子没有子嗣，那么他的所有遗产将捐给美国。老天保佑，他的侄子果然没有膝下无人。1836 年美国国会接受了他的要求。1838 年英国法院批准了财产交接，送来了 105 袋金币。在接下来的八年里，国会里一直就如何使用这笔馈赠争论不休，直到 1846 年总统签署法令成立史密斯索尼亚基金会。

●现在史密斯索尼亚是全球最大的研究和博物馆组织，其中九个座落在华盛顿哥伦比亚特区。每年夏季的史密斯索尼亚民俗生活文化节都会吸引成千上万的人群。

●当你参观史密斯索尼亚的博物馆时，别忘了去史密斯索尼亚城堡看看。进门后左手边有一个地下室，里面有个小型的詹姆斯·斯密森生平展览，其中包括一个装有他骨灰的大理石瓮。

●对于艺术爱好者而言，生活在华盛顿哥伦比亚特

●捐赠建立史密斯索尼亚博物馆的英国人詹姆斯·斯密森。

●斯密森的遗嘱。

●1846 年 8 月 10 日美国总统签署法令成立史密斯索尼亚基金会，从而平息了国会内部的争论。

●1910 年的史密斯索尼亚城堡。

●1940 年的史密斯索尼亚城堡。

区难免会被宠坏。除了是政治首都，华盛顿哥伦比亚特区也是美国的艺术中心。单说美术，城中的美术馆多到令你目不暇接。

●作为承载美国历史的首都，这里的美术作品给人的感觉多是写实的，如果说太多的历史人物和历史事件令人厌烦，你仍然有很多选择。比如，国立美术馆藏有西半球惟一的达·芬奇的画作“Ginevra de’Benci”。

●除了史密斯索尼亚，华盛顿哥伦比亚特区的博物馆多得不可胜数，但对美国历史感兴趣的游客不可错过美国国立历史博物馆。最重要的是，不要给自己预先设定范围，很多原本你认为自己根本不感兴趣的东西往往会让你乐在其中。比如，在国家广场，连我这样听到“科学”二字就头大的人都喜欢航空航天博物馆和自然历史博物馆，可见它们不是一般的有趣。

●史密斯索尼亚和航空航天的渊源可以追溯到1857年。基金会第三任秘书长朗利本人更是位飞行先驱人物，1890年他就成功飞越波多马克河，差点就没有怀特兄弟什么事儿了。馆藏中有林德保1927年飞越大西洋的“圣路易斯精灵号”飞机。林德保是国会议员的儿子，早年就在华盛顿哥伦比亚特区度过。1927年他赢得25000美元，尝试人类历史上第一次纽约到巴黎的跨越大西洋的直飞。由于油箱太大，阻挡视线，他不得不使用潜望镜，艰苦地飞行了33.5个小时终于抵达巴黎。作为对他非凡勇气的激赏，在他走下飞机的那一刻，10万人在欢呼雀跃。

●只用一个数据就能说明自然历史博物馆的神奇，这里有史密斯索尼亚87%的仿制和原始的标本。换句话说，就是1.24亿件仿制和原始的标本——甲壳虫、蝴蝶、蚊子、软体动物、鸟蛋、微生物……你能想到的各种东西在这里动辄以百万计。

●1907至1914年间的艺术和工业博物馆。

●西半球惟一的达·芬奇的画作“Ginevra de’Benci”。

●1959年的国立自然历史博物馆。

●自然历史博物馆中的恐龙标本。

●航空航天博物馆中的藏品：“圣路易斯精灵号”飞机。

"这个国家不能仅仅是物质上富足，而在精神上贫穷。"

●除了这么多的博物馆和政府机构，你还可以去看两个地方。一个是刻版印刷局——听上去很无趣吧？不过当你看到花花绿绿的美钞在面前印出来的时候可能就不会这么想了。大概他们自己也觉得这个名字了无生趣，所以网站的名字www.moneyfactory.com就来得直接多了。还有一个是美国之音（www.voa.gov），对这个名字应该很多人都会有段特殊的回忆。

●国家广场的西边就是白宫和华盛顿纪念碑。1848年，华盛顿纪念碑开始修建。不到六年，因资金告罄而停建。等到1880年重新开工之时，原先的白色大理石也已经不可复得。这也是为什么今天纪念碑上大理石的颜色看上去杂驳不纯。据说，美国政府一度号召全国人民捐资。朴实的阿拉巴马人民想出一个好主意：要钱没有，要石头那可多得是。结果美国各州、世界各国纷纷效仿，为华盛顿纪念碑添砖加瓦。有趣的是，据称这些石头里面还有从中国运来的一块！同这块石头有关的碑文据说出自当时宁波知府之手，摘录如下：

●"华盛顿，异人也。起事勇于胜广，割据雄于曹刘，既已提三尺剑，开疆万里，乃不僭位号，不传子孙，而创为推举之法，几于天下为公，駸駸乎三代之遗意。"

●除了这一线必看的景点，H街上的圣约翰教堂也可以去看看，总统的教堂。18街上的八角楼（Octagon）实际只有六个边，但不论是建筑还是历史都很有趣，它是联邦式风格建筑的最佳范例。往西和往南的林肯纪念堂、杰弗逊纪念堂等等都是必看景点，不再赘述。往北走一会儿就到了位于17街的美国国家地理学会，建筑出自爱德华·杜莱尔·斯通之手，他也是肯尼迪艺术中心的建筑师。

●肯尼迪中心是华盛顿哥伦比亚特区作为艺术中心的地标。在中心的墙上刻着"这个国家不能仅仅是物质上富足，而在精神上贫穷。"不论是古典还是流行，这里的演出和音乐会让人目不暇接。在华盛顿哥伦比亚特区近80家剧院中，这里最负盛名。但也有不少人更偏爱阿里娜舞台（Arena Stage），这里是纽约以外首个获得托尼大奖的剧院，经常上演一些更严肃或更有创意的实验戏剧。如果你在夏天前来，不要错过卡特·巴伦剧场（Carter Barron Amphitheater）的莎士比亚戏剧演出，免费！

●白宫。

●华盛顿纪念碑。

蓦然回首间的邂逅

●除了这些地标和经典，有时间的话你可以走进街区了解一个更丰富、更立体的华盛顿哥伦比亚特区。

●这是一个由形形色色的人物铸就的城市。尽管有些人来了又走，但已经和这个城市密不可分，比如诗人沃尔特·惠特曼和兰斯顿·休斯；有的土生土长，却已经成为世界公民，比如艾灵顿公爵和苏萨。这些人物的岁月留痕全都隐藏在各个街区中。

●在市中心一线除了可以在中国城安抚你思乡的胃，如果喜欢夜生活的话，你还可以前往宾夕法尼亚角(Pennsylvania Quarter)。另有两个比较特别一点的推荐，如果你喜欢建筑，国立建筑博物馆（www.nbm.org）绝对值得前往。不论是外立面还是内部的处理都相当大胆。里面还有华盛顿哥伦比亚特区建造史方面的展览，其中包括1792年由杰弗逊签署的给朗方的解雇令。如果你对历史感兴趣，国家档案馆（www.archives.gov）里面有诸多重要文件，包括独立宣言、美国宪法和人权法案——这些绝不只是美国的珍宝。倡议建立此馆的又是托马斯·杰弗逊。

●乔治城到处弥漫着一种旧日的浪漫情怀。这里集中展现了城中建筑风格。华盛顿哥伦比亚特区的建筑多是新古典主义风格，奠定这一基调的还是托马斯·杰弗逊，因为希腊和罗马风格的建筑象征着早期

民主的荣光。白天，鹅卵石铺就的路面和爬满常青藤的红砖房都在默默诉说由于烟草贸易而兴盛的历史，含蓄低调但匠心独具的各色商店使得浏览橱窗都是种享受；夜晚，各种时尚的餐厅、酒吧吸引着年轻人。走累了，巴诺书店（Barnes&Noble）或者对面的Ben&Jerry冰激淋店都是很好的驻足理由。夜色温柔时，乔治城的Blues Alley是爵士现场演出的不二选择。在乔治城的One Step Down和康纳迪格大道的City Blues Café你同样可以找到不容错过的好音乐。

●路过R街时，记得留意搜寻2920号凯瑟琳·格雷汉姆的宅邸。当年在华盛顿哥伦比亚特区的所有派对中，有两个邀请会让人们觉得备感殊荣。一个是来自白宫的，另一个就是来自这位《华盛顿邮报》的女掌门。作为首个掌管财富500强公司的女人，凯瑟琳是一代职业女性的典范。1940年，凯瑟琳嫁给了菲利普·格雷汉姆，婚后一直相夫教子，担当贤妻良母。凯瑟琳的父亲对这个女婿青眼有加，1948年以一美元的价格将公司股权转让给女儿女婿。同所有老故事一样，凯瑟琳幸福的婚姻生活在丈夫的背叛面前不堪一击。1963年菲利普饮弹自尽，凯瑟琳不得不接管公司。世界不但未曾因此而终结，华盛顿哥伦比

●艾灵顿公爵。

●温柔夜色下的乔治城到处弥漫着一种旧日的浪漫情怀。

●唐人街旁的夜景。

汉堡

亚特区反而多了一个明星。在她执掌期间，对"水门事件"的报道使得《华盛顿邮报》成为美国新闻史的里程碑。凯瑟琳不仅缔造了一个媒体帝国，也将自己

打造成了一个社交神话。在她的派对上，不同党派、不同阵线、不同立场的人们全都走到了一起，不论你是蓝血贵族、政坛领袖、商界精英、媒体大亨还是外交达人，都可以在这里如鱼得水——她将自己比为华盛顿哥伦比亚特区的阿甘，一不小心就成为重大历史事件的一个组成元素。晚年，凯瑟琳的自传《个人历史》赢得1998年的普利策奖，同时鲜为人知的是，凯瑟琳还热心于公益事业，在华盛顿哥伦比亚特区这个她称之为家的地方。凯瑟琳去世时，500人参加了她的葬礼——凯瑟琳·格雷汉姆最后的派对。正是因为凯瑟琳·格雷汉姆声名显赫、权倾一时，有人称她为"美国皇后"。未加冕却成为事实上的"美国皇后"，可以成为"美国国王"却拒绝王袍加身，这一切都发生在华盛顿哥伦比亚特区。

●杜邦环岛和亚当·摩根街区一向以多元的文化、饮食和音乐而著称。亚当·摩根是城中的西班牙社区，假设你一句英文都不会，但会说西班牙语，就可以在这里畅行无阻了。位于杜邦环岛的克莱默（Kramer）书店是城中的文学地标，24小时营业，除了书好、人顺眼，这里的甜品也同样出色。作为艺术中心，华盛顿哥伦比亚特区还是很多著名艺术家的故乡，包括《星条旗永不落》的作者苏萨、爵士传奇人物艾灵顿公爵和珍珠贝莉。今天，在人称"黑色百老汇"的U街，仍能找到很多当年传奇的蛛丝马迹。远在纽约的哈林区成名之前，U街就是非洲裔美国人的麦加。

●相对来说，去克里夫兰公园、国会山东边等地方的游客不是那么多，而同样很多人也会忽略穿城而过的波多马克河，其实在波多马克河乘坐游船也是体验华盛顿哥伦比亚特区的一个很好的选择。Capitol River Cruises有50分钟的游船线路，Potomac Riverboat

●《华盛顿邮报》女掌门凯瑟琳·格雷汉姆。

●游览华盛顿的最佳方式——乘坐水陆两栖的"华盛顿鸭子"。

Company 从老城出发，全程 90 分钟。

●跨过波多马克河就是阿灵顿。阿灵顿国家公墓接收安葬者的条件是：死者生前必须服过兵役，属正常退役或阵亡，只有美国总统可以破例。阿灵顿国家公墓里待遇最隆重的是无名士兵墓。这里的普通士兵比政要和将军多，远可追溯到美国南北战争、1898 年

美西战争，近有"9·11"事件中五角大楼里遇难的军人和在伊拉克阵亡的士兵。而前往阿灵顿还有一个重要的理由，那就是结束南北战争的罗伯特·李将军，无论从哪种意义来看，他都是一个了不起的人。或许是天意使然，李将军和林肯的命运一辈子交织在一起，生前如此，身后阿灵顿和林肯纪念堂仍然隔河相望。

●如果你有更多的时间，可以驱车半小时前往弗农山庄（www.mountvernon.org），对美国人而言，这里是全国第二受欢迎的历史住宅——排在第一的是白宫——在这里你可以进一步了解乔治·华盛顿伟大的平凡。

●在乔治·华盛顿取得胜利之后，下属提议他自封为美国国王。当时他是这么回答的：

●"来信所述意见，我仔细阅读，不胜骇异。我不得不表示深恶痛绝，斥之为大逆不道。我过去所为，究竟何事使人误会，以为我会做出对国家祸害最烈之事，诚百思不得其解。为表明心迹起见，我必须补充一句，我诚心希望军队充分受人敬爱，超乎任何一人。而且就我的能力与影响而论，亦必竭尽所能，使军队受人敬爱。是以如果你仍以国家为念，为自己、为后代，或者仍然尊敬我，则务请排除这一谬念，勿再任其流传，有厚望焉。"

●英国国王乔治三世曾说："如果华盛顿拒绝成为国王，那么他就是这个世界上最伟大的人。"在那个关键的历史时刻，华盛顿坚持拒绝"黄袍加身"。他的态度对美国消除君主制的威胁起到了极为重要的作用。正是他的这一选择为美国成为共和制国家开辟了道路。

●1783 年 12 月 23 日，在安纳波利斯，华盛顿向大陆会议辞去一切公职，亲手交回了大陆军总司令的

●阿灵顿国家公墓里待遇最隆重的是无名士兵墓。

●波多马克河。

委任状，正式解甲归田。第二天一大早，他就匆匆起程，沿着熟悉的波多马克河马不停蹄返回他日夜思念的故乡——弗农山庄。

●“戏已经演完了。我不再肩负公职，有如释重负之感。我希望能在余生中为善良的人们做一点事情并专心修身养性。”

●已过知天命之年的他，决心在乡村田园度过后半生，他给远在法国的战友拉法耶特写信，充满了对乡居生活的赞美与自足：

●“我终于成了波多马克河畔一个普通的百姓，在自己的葡萄架和无花果树下休闲纳凉，看不到军营的喧闹和公务的繁忙。我此时所享受的这种宁静幸福是那些贪婪地追逐功名的军人们，那些日夜图谋策划、不惜灭亡他国以谋私利的政客们，那些时时察言观色以博君王一笑的弄臣们所无法理解的。我企盼能独自漫步，心满意足地走完我的人生旅途，我将知足常乐。”

●华盛顿因平凡而伟大的一生。

●从平民到将军再到平民，之后又从乡绅到总统复归田园，进退之间，没有犹疑。

●游客来到华盛顿哥伦比亚特区，一不小心就会见证一个历史时刻。猝不及防就可能在街头巷尾同平日只有在电视里才能见到的大人物匆匆打个照面，甚至会在某一餐厅意想不到地亲密接触，顿时四下里一片交头接耳、窃窃私语：“看，那就是他！”对于游客来说，这已经足够作为下半生的谈资。但华盛顿哥伦比亚特区真正的统治者是那些看不见的幕后推手。有句老话说得好：“总统来了又走，只有洛克菲勒家族长留。”

●同样，除去这些必看必到的景点，在喧嚣背后，还有更多好去处隐藏在华盛顿哥伦比亚特区的各个角落。带着孩子前往战争年代留下的城堡徒步；在波多马克河上荡桨；在石头溪公园（Rock Creek Park）慢跑；在国立植物园享受午后的宁静；在Dumbarton Oaks静待花开花落，这些都是当地人的最爱。而在那些样子古板无趣的历史建筑中，更有各种各样的奇遇挑战你的想象力。

●我就是这样邂逅了坐落在杜邦环岛O街上的这幢

●让华盛顿无心恋栈的故乡——弗农山庄。

房子（The Mansion on the O Street）。这幢房子不仅仅是一个小型奢华酒店，也是一个私人会所，还是一个流动的博物馆。身处其间，你可以完全忘却外面的世界。它的外观和附近的住宅楼没有任何不同，但当你走进大门，就会如同爱丽丝漫游仙境般处处惊艳。酒店由4栋内部相连接的5层联排别墅组成，内设2个豪华舞厅，12个用餐区，21个会议室，19套客房——所有这一切由21道秘密房门连通——这些门有的藏在活动书架背后，有的藏在镜子背后，扑朔迷离。它集中展示了从维多利亚艺术到前卫艺术时期不同的建筑、设计和装潢，一切物品都是古旧的，其中甚至不乏价格高昂的真正古董，难怪它作为博物馆对外开放。更令人叫绝的是，这里的一切都是对外出售的——大到壁炉、家具、水晶吊灯，小到镇纸、杯子甚至门把手。曾经有位客人将这里一间浴室的所有东西搬到了自己家中——墙壁除外。酒店创始人里奥娜德女士说："客人买回去的东西能够唤起他们对这里的记忆，而且买走的东西能为新展品提供空间，这样才使这里永远处于创造的过程中。"正因为一切都是流动的，你甚至难以对这家酒店形成一个固定的印象。这里的19套房间每一套都与众不同。想过和鱼儿一起入睡吗？"木屋套间"卧室的床头镶嵌着一整个水族箱；想要更多的私密关怀？"艺术风格阁楼套间"自备安全摄像头和私人电梯；难以入睡？"失眠"套间隐藏在酒店深处的秘密通道中，就算有人想要打扰都会不得其门而入；想要浪漫二人世界？"情侣"套间备有超大浴缸和水床。最让我动心的是"约翰·列侬房间"——我是循着他的歌声找到这个房间的。整个房间被白色的纱幔包裹，墙上是列侬的手稿、签名照片、关于列侬的漫画和诗歌，除

了一张巨大的白色软床，房间里只有一套黑色的音响，里面是列侬的低吟浅唱。这个所在1892年由克拉克兄弟设计，其中昌普·克拉克是罗斯福总统任期内的国会发言人，而阿兰·克拉克正是国会大厦的设计师。

●在华盛顿哥伦比亚特区，不要害怕迷路，在不经意间，你会发现更多惊喜。

●华盛顿在弗农山庄接待法国将军来访。

●石头溪公园。

●●●你永远可以重新来过

●纪念碑、博物馆、光荣的美国历史，这些是吸引众多游客来访的理由，但对于选择在这里定居的人来说，它之所以存在，不仅仅因为它是一个行政上划定的特区，更是一个有血有肉的城市，它有着自己的逻辑和自己的游戏规则。

●对于每一个定居于此的居民而言，华盛顿哥伦比亚特区并不是个政治装饰。在这里，每一个平凡人与伟人一起作息；在这里，每一个平凡人带给城市新的美丽与活力。

●从设计初衷的高于生活，到还原为生活本身，或许这才是真正的华盛顿哥伦比亚特区——一个承载着美国梦想不断往前发展的城市，一个全面展现真正美国体验的地方。

●如果说华盛顿哥伦比亚特区给我的第一印象充满了象征意义，那么，或许这正是设计者的初衷。乔治·华盛顿在建都之时就说"这将是一个联邦之城"，因此，华盛顿哥伦比亚特区的设计师总是要象征性地表现出联邦政府和各州的权力平衡关系。在国会大厦中，支撑圆顶建筑的是36根有凹槽的科林斯式圆柱，它们代表圆顶建成时的联邦诸州数量。圆顶上面覆盖的是一个用13根带凹槽科林斯圆柱装饰的灯塔室，13根圆柱代表联邦初始的13个州。林肯纪念堂中的36根柱代表林肯时代的州数，上方雅典式栏杆垂花装饰代表纪念堂建成时的48个州。华盛顿哥伦比亚特区的对角街道取用了各州的名字，这是在提醒各州的访客牢记自己所具有的州民和国家公民的身份：华盛顿哥伦比亚特区的规划、建筑和雕塑无一不在产生"强有力的，令人信服的、持久的氛围和动力"——一种象征着美国精神的感染力，数百年来这种精神力量不断激发人们的使命感和责任感，提醒人们历史应该铭记、自由和民主来之不易。

●写到这里我不由得想向在美国生活的朋友印证一下什么是他们理解中的美国精神。当时正好是美国中部时间的早餐时分，在MSN上收到我这个问题后，他不假思索地进行了一次家庭调查，结果呈现在电脑屏幕上的是这样的答案：

你永远可以重新来过。

●这个回答有些出人意料。

●这不由得使我想到华盛顿哥伦比亚特区另一个颇有争议的人物——马里奥·巴里。作为一个非洲裔美国人，1978年马里奥·巴里成为华盛顿哥伦比亚特区市长，史无前例。1990年此人因吸毒被判6个月徒刑。1994年他再度当选为市长。在其1994年度任期内哥伦比

●华盛顿哥伦比亚特区的规划、建筑和雕塑无一不在产生"强有力的，令人信服的、持久的氛围和动力"。

亚特区几乎破产，以致美国国会直接指派了一个财政委员会。巴里经常语出惊人，他曾经说过："如果不算上谋杀，华盛顿的犯罪率其实非常之低。"可是，就是这样一个角色，终其一生，先后担任了四届美国首都的市长。巴里的一生跌宕起伏，可是从另外的意义上来看，还有谁比他更能代表华盛顿哥伦比亚特区这个梦幻之城呢？没有什么不可能，这本身就是梦想的魅力所在。

●这次离开这座城市的时候，载我到里根机场的是一位来自埃塞俄比亚的新移民。交谈中我了解到他原来是做棉纺品贸易，生意还不小，但因为家里有亲戚到了这里，生活得不错，所以他就放弃一切来到美国。他只会简单的英语词汇，对道路也不熟悉，即便这样，依然可以从他灿烂的笑容中看到他对未来满怀的希望。

●纪念碑、博物馆、光荣的美国历史，这些是吸引众多游客来访的理由，但对于选择在这里定居的人来说，它之所以存在，不仅仅因为它是一个行政上划定的特区，更是一个有血有肉的城市，它有着自己的逻辑和自己的游戏规则。

●对于每一个定居于此的居民而言，华盛顿哥伦比亚特区并不是个政治装饰。在这里，每一个平凡人与伟人一起作息；在这里，每一个平凡人带给城市新的美丽与活力。

●这些年来，作为一个城市，华盛顿哥伦比亚特区正在变得更加自信，因为它不仅可以为职场人士提供实现事业目标的舞台，它还可以为游客奉上地道的美国体验，它更可以关照到每一个生活在这里的平凡人的人生梦想。

●从设计初衷的高于生活，到还原为生活本身，或许这才是真正的华盛顿哥伦比亚特区——一个承载着美国梦想不断往前发展的城市，一个全面展现真正美国体验的地方。

●华盛顿的地下世界。

Circle
TR

INVADE IRAN

HOMELESS
U.S ARMY VET

●●●安纳波利斯：D.C.以北，美国的“雅典”

●驱车一小时，从华盛顿到达安纳波利斯(Annapolis)，马里兰州的首府。马里兰州，别名又叫“古老之州”（The Old State)，或者“自由之州”（Free State)，因为1649年州内通过了《信仰自由法案》（The Act of Toleration)。安纳波利斯在印第安语中是“水上漂流”的意思，确实如此，这个美丽的小镇，倚靠着切萨皮克湾，幽雅而宁静。它保留着浓郁的欧洲风情，不禁让人联想，这里是不是昔日的美国。

●小镇有很多历史遗迹，曾经有人叫这里是“美国的雅典”。到处可以看到属于18世纪殖民地时代的建筑，仅美国独立前的古屋就有60多所，小镇上还有一个古老的天主教堂，建于1692年，至今完好无损。兴建于1772年的红砖结构的州议会大厅，是美国各州议会大厦中最古老的建筑，也是独立战争胜利后美利坚人民与英国殖民者签订条约的地方。安纳波利斯已经有300多年的历史，从殖民地时期就是一个热闹的海港城，也在美国独立战争中扮演重要的角色，甚至在战后某段时间也曾经是美国的首都。很多人夏天到安纳波利斯度假，尤其是许多父母带着小孩来这个有“没有围墙的博物馆”之称的”活教室”上历史课。

●小镇上的民宅大多是砖瓦房屋，映衬着街边停放的现代轿车。据说很多艺术家居住在这里，所以街头也充满了艺术气息，艺术品商店和艺术画廊尤多，甚至把世俗的杂货铺都挤出了城外，要开车到两英里外才有超市可以买到生活用品。

●安纳波利斯的街道构造也很独特，在美国绝无仅有。1694年，马里兰州的总督弗朗西斯·尼克尔森爵士把这个州府设计成由中心向外辐射的格局，今天的安纳波利斯仍然保持着这一路面形状，由代表州政府的议会大厅为中心，马路像一根根发散开的丝带伸向远方。

●在街边，有三三两两的人群，不像本地人，围在一起似乎在聆听什么，走近一看，原来和我们的身份一样：旅游者。这里的导游像来自18世纪的人物，女士穿着夸张的裙子，带着草帽和围巾，是1760年代的女仆装扮；男士穿着白衬衫小“马褂”，像当年大户人家里的管家。70多岁的Pat老太太是当地的一名导游，白润的脸庞，朱红的唇色，微胖的身材，极富亲和力。她热情地给游客们讲解安纳波利斯的历史，思路极其清晰，不足为奇，她退休前是当地小有名气的律师。

●许多父母带着小孩来这个有“没有围墙的博物馆”之称的”活教室”上历史课。

●一身复古装扮的导游Pat老太。

●曾举办华盛顿退职仪式的会议厅。

●州议会大楼是游客们的必经之地，兴建于1772年，随后由于美国革命爆发，直到1779年才全部完成。大楼的拱顶是美国最大的木质拱顶。

●参议院和众议院的会议厅设在一楼，州长和副州长办公室则在二楼。马里兰州于1788年4月28日加入联邦，美元中25美分币面上的马里兰标志图案就是马里兰州政府的圆顶大楼。

●这幢议会大楼是许多历史事件的见证者。1783年12月23日，美国独立战争的硝烟刚刚散去，乔治·华盛顿就是在这里辞去了美洲大陆军总司令一职，回到他的故乡弗农山庄。当时，大陆会议为他举行了一个隆重而朴素的仪式。1784年1月14日，也正是在这里，美国国会正式批准对英《巴黎合约》，美国独立战争正式宣告结束。

●当然，现在马里兰州的议会依然还在这个古老的会议厅举行。每年1月的第二个星期三开始的90天，就是马里兰州州议会召开的日子，全州共有47个议会区，每区选参议员一名，代表三人。在议会召开期间，会议厅的边座还对公众开放，人们可以随便参观旁听。

●安纳波利斯也是美国海军学院（United States Naval Academy）的所在地，这所学校建于1845年，有着光荣的历史与传统，是孕育全美军政要员的摇篮，也是全美念得最吃力的十所大学之一，学院的座右铭是："知识铸就三叉戟"，只有意志、品质、体质、才学全方位过硬的学员才能顺利从那里毕业。

●1845年10月10日，当时的美国海军部长邦克罗夫创建了美国国家海军学院，它是美海军惟一的一所培养初级军官的正规学校。150多年来，该校为美海军舰艇部队、海军航空兵和海军陆战队培养了一大批各种专业的初级军官。美海军现有军官中有六成以上毕业于该校。马汉、杜威、尼米兹、哈尔西等历史著名人物和海军将领以及美国第39届总统吉米·卡特均毕业于该校。

●并非22条军规，而是还有22天就能实现"庶民"的胜利大逃亡了。

●自从"9·11"以后这里的检查严格了很多，进入的游客需要检查护照证件。年轻人一旦进入海军学院，就要在学院里完成5年制的学习，学费是全免的，但毕业以后必须在美国海军部队服役至少5年。学院的每条街道、每处设施都有自己的名字，譬如说，学

员宿舍就被称为“邦克罗夫厅”，以纪念学院的创始人约翰·邦克罗夫。这里还有世界上最大的宿舍，仅仅走廊就长达8公里，还有世界上最大的军用餐厅，可一次性容纳4300人就餐。

●在海军学院，一年级新生被称之为“庶民”（Plebe）。他们无权迈出校园半步，着装必须是军装，走道必须列队行进，他们被禁止出入各类娱乐场所，非休息时间房门必须打开。军官及每一位老生都有权对他们进行训导：检查他们行为举止是否符合规章制度、房间是否整洁等等。这一年新兵的日子可不好受，于是每当新兵即将升入二年级之际，他们就会在校园里举行疯狂的仪式，把一个挂在高高的纪念碑顶端的新兵帽子摘下，以此表示脱离“庶民”的队伍。

●安纳波利斯是饕餮族的乐园。从地理位置来看，这个小镇临近切萨皮克湾（Chesapeake Bay），这个港湾风平浪静，水浅又多阳光，成为浮游生物喜欢聚集的地方，加上两岸注入的河水中带来非常丰富的有机物，因此周边地区的鱼、蟹、虾不仅产量多，而且味道鲜美。看看安纳波利斯的码头边就知道了，随便哪个餐厅都有各种烹饪方法的虾蟹海鲜供应。有的餐厅索性直接把“crab”字样大大地写在门前，直截了当地招徕客人。

●在码头边找一家温馨的小饭店，主食一定要点一份蟹肉蛋糕（Crab Cake）。这是一种把蟹肉挑出来，然后炸成金黄色圆饼状的美食。虽叫蛋糕，但没有一点传统蛋糕的成分，只是模样近似罢了。蟹肉的纹理清晰，嚼上去又富有弹性，非常美味。除了蟹肉蛋糕之外，你也可以点一份Crab Soup。这种汤很特别，盛在碗里的时候看上去浆汁稠厚，到嘴里却是滑滑腻腻，最后在口中留下一股鲜香。虽然蟹肉做的食品到处都有——尤其在美国东部的城市里，你几乎可以在所有大餐馆的菜单上找到，不过这里的蟹肉却几可算是美东最著名的了。

●“庶民”的胜利。

●在码头边找一家温馨的小饭店，主食一定要点一份蟹肉蛋糕（Crab Cake）。

●宁静的下午，在安纳波利斯坐一次游船，去亲身感受一下河流和海湾的温存。比如一个名为“Miss Anne Boat Cruise”的游船项目，你可以花上10美元，在船上舒坦地坐上40分钟，船上还有讲解员介绍途经的景点。当然还有其他时间更长的路线可以选择，比如90分钟，2.5小时，甚至7.5小时的。也许这样的旅游项目有点老套，可当你坐在全敞开的白色甲板上，晒晒太阳，吹吹海风，眯着眼睛看荡漾的水面，或眺望远处扬起的风帆时，你甚至会忘记自己是谁来自哪里，只知道，此时此刻，没有一切烦恼，自己被无限的惬意所包围……被当地人说起来，这样你就忘记了城市里所有的“Hustle and Bustle”。

●每逢周末，尤其是盛夏时节，各式各样的帆船总会停满安纳波利斯的码头。每年10月份，这里还会举行全美国最大的帆船秀（Sailing Boat Show）。据说在河边的房子也会带一个帆船泊位，当然帆船也是富人的游戏，很多年轻人常常发现自己买得起却承担不起此后的维护费用，转手得非常快。很难想象，这个只有35000人口，一个海军学院就占去城区面积五分之一的优雅精致的历史小镇，竟然是美国最重要的帆船运动之都（America's Sailing Capital）。

●安纳波利斯是美国的帆船运动之都。

●安纳波利斯小镇街景。

●●●亚历山大：D.C.以南，闲适的小镇生活

●2006年底，33岁的帅小伙James只身从美国犹他州的盐湖城来到弗吉尼亚州的亚历山大市。他被公司外派，也算升了职，担任Kimpton酒店集团旗下位于亚历山大市一家酒店的经理。他要在这个幽静温和的小镇里暂时安个家。

●亚历山大与其说是一个城市，不如说是个古典清新的小镇，它临靠着波多马克河，因此空气中总带着一丝丝潮湿的清甜。小镇至今仍然保留着欧洲殖民地时的风格，砖瓦房子披着色彩明快的外墙，街边布满花草，脚下铺着青色的石砖。

●初来乍到的时候James有点担心，害怕自己不能适应这里的生活，于是他以勤奋的工作来打发时间。每天7点上班，拼命地安排各种会议，处理很多公司总部发来的邮件，巡视酒店服务人员，查看今天客人要租用的会议室是否安排妥当，酒店各处的清洁工作有否疏漏等等。

●3个月下来他慢慢开始适应，小心翼翼地与下属交流，聊这里的生活，聊这个小镇……渐渐地他惊喜地发现，这里人与人之间并没有大城市的隔阂，"每个人都很亲切，说话直截了当，率真可爱"，James不再频繁想家。他现在很健谈，遇见黄皮肤的我们也没有丝毫的拘谨，他告诉我们宾馆管理很不容易，每天要不断地教服务员学会亲切地服务。"你不能板着脸说话；你要很真诚地对客人微笑，热情地迎上去，像个老朋友见面一样，你说是不是？"他的心情看上去不错。

●晚上8点，James准备下班了，不过他还是时不时地盯着手里的黑莓手机，因为酒店的工作高峰期还不算结束。8点50分，James宣布正式下班，忙碌了一天后，他要去放松一下。

●亚历山大的酒吧很多，而且风格各异。他工作的酒店里有个著名的Piano Bar，地方不大却很精致，一进门就

●除了PX之外，小镇也遍布这种随性热闹的酒吧。

是一架钢琴，每周六的上午9点30分到11点，当地的居民会凑在钢琴边唱歌，一周一次，雷打不动。平时的钢琴吧有点安静，伴着悠扬的音乐，点点烛光闪烁。

● James喜欢去一个叫PX的鸡尾酒吧，在小镇的老区。酒吧看上去其貌不扬，一般的生客路过时甚至会错过。而且它可谓“店小也欺客”，看你不顺眼就不会让你光顾。酒吧门口有个小窗户，敲一敲，酒吧的主人会露出一张脸，看看你是不是友善，穿着是不是得体，通过检查后才会放行。

●亚历山大市是离华盛顿市区仅30分钟车程的小镇，地理位置上属于北弗吉尼亚（Northern Virginia）。小镇建于1749年，在此之前曾是印第安人打猎捕鱼的好去处。到18世纪时，英国殖民者进驻这一地区，并引进了烟草、小麦和玉米的种植，当地的农业和经济开始逐渐发展。当年一个叫亚历山大的英国人是当地最大的农场主和商人，他把家族拥有的土地全部捐给了小镇，当地人民为了纪念这个家族，就把小镇命名为亚历山大。

●亚历山大也是美国早期盛行奴隶制的南方地区之一，19世纪，大批的奴隶从亚历山大被地主们送往南方腹地的棉花种植园劳作。到南北战争时期，由于优越的地理位置和相对发达的经济实力，亚历山大成了南方联军和北方联军双双觊觎的军事要冲。1861年弗吉尼亚州从联邦政府中退出后，亚历山大就成了南方政府的粮仓。南北战争结束后，亚历山大很久都未走出阴霾，经济十分没落，此后这个小城花了20多年才逐渐恢复了生机。

●今天的亚历山大，几乎完全保留着18世纪英国殖民风格的建筑，但同时又是高科技公司愿意驻扎的地方。除了便捷的交通位置外，亚历山大所在的弗吉尼亚全州都覆盖着免费无线网络，当也是优势之一。

●亚历山大市政厅。

IRE EXIT
ONLY!

BARBER
SHOP

30

PIZZA
HELP
ORVIS

GOSSYPIA

Chicago

芝加哥·幸福终点站

■“芝加哥是一座伟大的美国城市。它也许是美国硕果仅存的伟大城市。”－诺曼·梅勒■“我这种人的城市啊，那就是芝加哥！”－弗兰克·辛纳屈■从天文博物馆到海军码头，沿着浩渺的密歇根湖湖滨依次展开体育场、美术馆、博物馆、公园绿地和美轮美奂的城市天际线，站在这条与太平洋和大西洋海岸线迥然不同却又一样美丽的美国“第三条海岸线”上，我们习以为常的，与现代都市间“拉奥孔”式的抵死纠缠竟消弭于无形，变得温暖而柔软。恍然间，一个城市所能提供的终极幸福不期而至。

■■■风中的芝加哥

■深夜抵达奥海尔（O′hare）机场，那是初春的芝加哥。风，如期而至。

■长长机场的尽头，墙上涂鸦画浓烈的颜色，一幅接着一幅，带来了温暖。画中有一只火烈鸟，火红色修长的脖颈，高傲地仰着头，站在三面环水的半岛上筑巢栖息。火烈鸟喜欢享受水的抚摸和风的亲吻，又依赖于岛屿的温存，于是性格温和又热烈。密歇根湖

畔，有它们的家，翅翼滑过静谧的湖面，唤醒了这座城市，留在风中的，却是七彩的缤纷。

■城市苏醒的脸，在风中显得多变，时而沉思凝固，时而热烈奔放。不禁张开手掌，任气流穿过指间，风来自哪里，存于何处，去往何方？

■风，来自那座湖。

■走在芝加哥街头，请不要说话。慢慢感受从伊利诺伊－密歇根湖边吹来的风，让肆意的湖风来抚摸你的脸颊，吹乱你的头发，更不要顾及这时候的衣领是否整齐。风中的空气有点湿润，甚至能感受到点咸味。坐在湖边的草地上，直到不想走。

■芝加哥是美国第三大城市，她的骄傲是一座密歇根湖静静躺在东面守卫着这座城市，这也是一条把芝加哥同五大湖和大西洋连接起来的纽带。密歇根湖的湖水是那么的湛蓝，蓝得像太平洋的海面，可是

完全没有大海令人敬畏的感觉，而是异常的亲切，让人觉得望多一眼，便会融入其中。当夜幕渐渐垂下，晚霞映照的芝加哥愈加繁华，而你一转身却见沉寂的湖面，吹来一丝丝微冷的风。难怪连战选择在密歇根湖畔向方薹求婚，此情此景，此番身处城市却可拥有的浪漫，只有芝加哥。

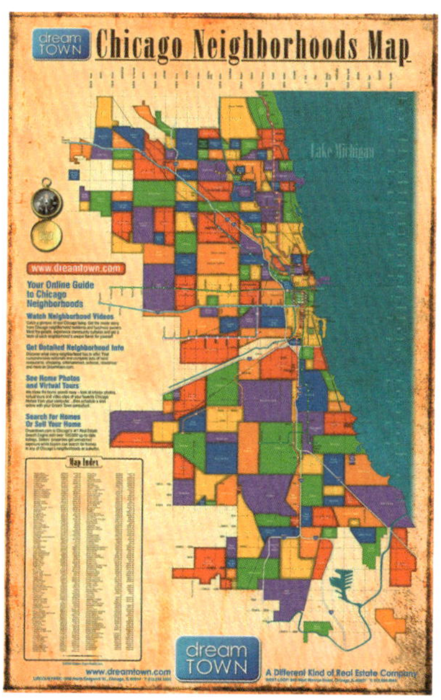

■在芝加哥认识了一个华人。20多年前，薛瑞璋来到美国追求她的梦想，她说她游历了很多城市，最终选择了在芝加哥定居，因为这里有密歇根湖，美丽的湖景带来的是美丽的城市，这就是她想要的生活。心情好的时候她会沿着密歇根湖一直走，边走边看不同的风景。薛今年不过50岁出头，但已经提前退休，她把自己的举动叫作“Early Enjoyment”。生活在这里，要提前好好享受嘛，薛眯起她那一双可爱的小眼睛，发出阵阵爽朗的笑声。

■风，在高楼间游走。

■在芝加哥，请不要低头，仰起头看看芝加哥的楼。这里是个免费的建筑艺术博览会，林立的高楼哪儿都有并不稀奇，稀奇的是这里的高楼太多了。在芝加哥，40层以上的高楼就有50多座，而且每座楼都像各自独立的精灵，风格迥异又你勾我连，把芝加哥塞得满满的，边走边看，很过瘾。

■上海人喜欢把在楼宇间呼啸的风称为“穿堂风”。风在林立的高楼间走街串巷，飞速向你涌来，尤其在冬季，常常听到耳边阵阵的呼啸。

■从某种意义上说，芝加哥的建筑成就源于风火的合璧。1871年一场神秘的大火在芝加哥各处燃起，整个城市顿时陷入火海中。最要命的是当时芝加哥的建筑物多是简陋木屋，加上风的“成全”，火势很快蔓延了整个城市。大火烧了整整一天一夜，最后留给芝加哥一片废墟。

■不过乐观的芝加哥人很快开始张罗重建，芝加哥反而成了建筑大师驰骋的舞台。当时大胆创新的建筑师们还形成了一个强调“形式服从功能”的新建筑流派——芝加哥学派（Chicago School）。这一学派讲究全钢结构的高楼，以超过10层的实用大楼为主流。于是，芝加哥迅速“长高”了，有了第一座钢结构大楼后，还有了当时世界最高的摩天大楼，世界最高的商用混凝土大楼……还有更多各式各样风格的高层建筑作品。当然，实用主义建筑师们不会忘记那场灾难，如今的芝加哥建筑，几乎全都是防火设计。

■风火合璧后的残垣断壁。

■风，留下了艺术。

■离开密歇根湖，离开芝加哥那些现代的雄伟建筑，一定要留半天时间给柳条公园（Wicker Park）。那里是艺术家的居所，是芝加哥柔软温情的另一面。

■像美国其他一些小镇一样，柳条公园是个生活便利的居住区，居住的主要群体是墨西哥人。但特别之处则在于，它具有更浓郁的艺术气息。柳条公园最热闹的一条街道叫Milwaukee大街，街道两边拉美风格的古老建筑里是各种商店，从唱片到运动鞋，从廉价的时尚服饰到自称的经典家具，墙上的随意涂鸦就更多了。

■艺术是芝加哥的另一张名片。也许你会在柳条公园碰到一个金发碧眼的男孩，他拉着手风琴，和两三个同伴在街头演奏。那男孩叫Michael Hathaway，他从家乡墨西哥来到芝加哥。

■“为什么要来芝加哥？”

■“因为艺术。”

■柳条公园的街头海报。

■芝加哥美术馆的巨幅广告。

■寥寥几句，他又开始拉琴。他喜欢芝加哥的艺术气息，喜欢令人震撼的美术馆，喜欢博物馆扎堆的 Museum Campus，还有数不尽的沿街艺术小铺。于是他留下了，享受着。不要去打扰他们，此刻他们属于音乐。

■游走芝加哥，要竖起你的耳朵。除了享受街边的各式音乐之外，芝加哥还是布鲁斯音乐的发源地。20 世纪 30 年代美国黑人大量涌入城市，他们以特有的黑人音乐来排遣工作中的辛劳和单调，于是成就了布鲁斯的繁荣。芝加哥还把爵士乐兴旺起来，把散在美国各地的爵士乐聚集在这里，并出版了第一张爵士乐唱片。找一个钟意的酒吧，点杯啤酒，慢慢听黑人歌手唱他们的歌，自由放松的音乐中带着些许调侃，彷佛让听众可以忘记一切烦恼，一切属于城市的喧嚣。

■芝加哥是个富有艺术气质的城市。走在路上，你就可以看到各种艺术活动宣传广告，街头的主题展览品和世界知名大师的城市雕塑作品，从毕加索的“毕加索”到夏加尔的“四季图”，还有满街悬挂的宣传画，每个季节都在变化。比如 3 月的“Looptopia”活动，这是一个在市中心举办的音乐盛会，当天下午 4 点到次日凌晨，无数市民会走在芝加哥的市中心以音乐和行为艺术来表达对生活的热爱，不会表演的也可以参与其中感受气氛。宣传画在问你：“Are you in？”如果还没有参加，那还犹豫什么呢！

■风，推动了繁荣。

■1933 年芝加哥湖滨全景图。

■这是一座典型的美国工业城市，风城的兴盛背后有强大的经济实力支撑。看那些剧院，都是来自著名企业的赞助，还有诸多的博物馆和艺术中心，更少不了政府的支持和社会的慷慨捐助。

■芝加哥向来繁华。19 世纪开通的密歇根运河把处于内陆的芝加哥和五大湖连接了起来，从那时起芝加哥就顺势变成了繁荣的港口城市，载着全国各地牛羊农作物的船只停靠在芝加哥，在这里进行商品交易。还有更多海洋巨轮从加拿大的圣劳伦斯湾直接驶向芝加哥码头。

7AM TO 9AM
4PM TO 6PM
MONDAY THRU FRIDAY
EFFEN
ef·fen\e-'fen\ Dutch: sm
Grand
Halsted
NO TURN ON RED
1034

■农产品的繁荣贸易造就了今天著名的芝加哥商品交易所。里面没有一粒粮食，一个农民，但见巨大屏幕上的数字时刻地变化，传递着玉米、大豆、小麦等品种的期货价格，这对美国农业生产者、贸易商而言是重要的参考价格，也是国际农产品贸易中的权威价格。还有越来越多的工厂在这里扎根繁荣，给芝加哥带来很多引以为豪的名字：麦当劳餐厅、健牌口香糖、摩托罗拉手机。芝加哥的工业气氛还将那些藏匿在民间的小小发明，变成了产业化的热销产品，比如滚轴溜冰鞋。

■地理位置的优越和交通的日益便捷让芝加哥成为美国的"工业之母"，从农产品交易到消费品前线，再迈向高科技走廊，芝加哥没有停止过前进的脚步。这同样是一座进取的城市。

■风之城，有风之子。

■进取的城市背后是一群勤劳、坚定、富有创造力的人。除了出名的"脱口秀女王"奥普拉·温弗瑞和"飞人"迈克尔·乔丹之外，那些普通的芝加哥人，也都是一道道风景。早上9点，喜欢看到芝加哥街头拿着星巴克咖啡疾走的上班族，他们谈笑风生，露出自信满满的面容；中午12点，金发的女孩坐在高楼前下沉式广场的楼梯口，边吃通心粉边翻看报纸，身旁放着一瓶果汁。她悠然地晒着太阳，任凭微风吹乱发梢，鸽子在脚边踱着方步觅食；下午4点，看到出差归来的男人拖着拉杆箱走向办公楼，疲倦写在他的脸上，脚步却还是很坚定。

■周末的时候，别忘了去市中心的千禧公园(Millennium Park)转转。那里除了著名的银色"云门"雕塑、波音博物馆和大片绿地花草外，还可以看到更多的芝加哥当地人。情侣旁若无人地缠绵，孩子拉着爸爸妈妈跑向皇冠喷水池，喷水池一旁的巨大屏幕上是一张张变化的芝加哥市民的笑脸。是的，他们一直在微笑，时不时还有一根巨大的水柱从嘴里吐出。这时候孩子们兴奋极了，站在水中打闹玩耍。夏季的傍晚这里还有免费的露天音乐会，聚集

■2050年的芝加哥城市模拟规划图。

的都是热爱音乐热爱生活的芝加哥人。

■高架与地铁相结合，组成了密密麻麻的轨道交通，很多人说，在芝加哥根本不用买车，地铁太方便了。而且其他的生活成本也不高。在芝加哥文化中心工作的伊丽莎白说，她就在临近地铁的地方租了套房子，生活很方便。最近，她的岳父也考虑在密歇根湖畔买一套房，两间卧室加上起居室、卫生间和厨房，大约40万美金。

■“他原来住在芝加哥郊区，现在小孩大了，想住在市区，方便生活。”伊丽莎白说她很喜欢芝加哥，一个很实际的问题就是因为这里不像纽约的曼哈顿，市区也可以住得自在舒服。

■买一间小屋在密歇根湖畔，坐着百年的地铁去上班，可以听到免费的音乐会或参观各类的博物馆，当然还有芝加哥的热狗和深盘披萨诱惑你的舌头，这个城市八面玲珑。

■当问起芝加哥人对这座城市的感觉时，他们很认真地回答你：这个城市很亮、很美丽；它始终是湿湿的，风很大，但吹得很舒服；四季分明，人很友善，很有艺术气息，交通很方便……没有人说这个城市的坏话，芝加哥人从来就为自己的城市感到骄傲。

■2007年春天到芝加哥的时候，正值芝加哥击败了洛杉矶成为美国申办2016年奥运会参选城市之时，芝加哥人的骄傲溢于言表，几乎每个人都会提及这件美事。不过芝加哥人又往往会补充道，我们不像纽约和洛杉矶那样互相攀比，芝加哥就是芝加哥，这里是个柔和（mild）的城市。柔和的风，柔和的密歇根湖，养育了一方柔和的芝加哥人。

■走在芝加哥街头，看到的更多是芝加哥人那一双双温柔的眼睛，说起话来也不紧不慢。他们擅长享受城市生活，而性格中少了纽约客写在脸上的“进取”甚至“尖锐”，多了些被湖水浸透的柔和，和风一般的爽朗。走在城市中央，他们的脚步不快，但步伐很坚定，或许在他们的价值观里，进取和拼搏确是生活的一部分，但只放在心底，不是做秀的武器。

■芝加哥人海明威被认为是20世纪美国最伟大的小说家，他在写作《老人与海》时说，我试图描写一个真正的老人，一个真正的孩子，真正的大海，一条真正的鱼和许多真正的鲨鱼。而这里，我们试图展现一些真正的芝加哥特色，几个真正的芝加哥人，和一个真正的美国中部城市，一座风之城。

■画布上的“云门”雕塑。

■芝加哥人的骄傲——海明威。

■■■垂直的美感

■欧洲的传统建筑样式主要来源于以石料和木材为主要材料的教堂、宫殿以及贵族庄园，而这些建筑类型在19世纪晚期已日渐式微，取而代之的是随着市民阶层和中产阶层的中兴而诞生的大量诸如车站、码头、商

业大楼、图书馆等民用或公用建筑，无论从经济还是审美的角度，这些建筑都无法不计成本、滥用装饰，呈现出贵族文化所要求的那种新古典主义繁复琐碎的矫揉造作。究竟是满足于一种折衷主义的方法，用新的建筑材料来完成旧有的建筑形式，还是在突出功能的前提下反映新技术与材料的特点，芝加哥的建筑师们开始了激进的建筑试验。

一场大火，一次颠覆性的艺术运动

■芝加哥是一座大城。1870 年的芝加哥已经是美国仅次于纽约的重要城市，号称中西部的首都。从地理位置上看，芝加哥位于北美大陆的中部偏东，但是美国人却称之为中西部（Midwest），那是因为美国在开发初期，由东向西到了芝加哥，人们以为已经靠近西边，哪里料到在芝加哥以西，还有3000 多公里才到达新大陆的边缘，所以芝加哥实际上处于美国的心脏地带；从交通上说，19 世纪中叶芝加哥就已经成为世界上最繁忙的港口之一，早在1825 年芝加哥已可经五大湖和新修的伊利运河与纽约沟通，1848 年，连接大湖区和密西西比水系的伊利诺伊—密歇根运河竣工，则进一步加强了芝加哥的水运中心地位，而1848 年开通的第一条通往西部的铁路不仅促进了开发西部的浪潮，更给这座城市带来了交通与贸易的空前繁荣，此时的芝加哥已是全美铁路的枢纽，几十条铁路向各地辐射；从人口来说，大量移民的涌入已使芝加哥的人口在这一年达到了 30 万。

■巴黎歌剧院，这座耗资6200法郎的建筑是19世纪后半叶法国折衷主义的代表作。

■芝加哥也是一座毫不起眼的城市，1870 年，芝加哥城内遍布简陋的木结构建筑，完全谈不上独特的建筑风格，更遑论养眼的人居环境。但是这一切都在第二年的一场毁灭性大火之后改变了。

■火灾后的重建要求高速、有效、简洁，既适应高速发展的商业社会所带来的房地产市场的压力，又迎合工业社会的时代精神，芝加哥的建筑师们开始向高层冲刺，并由此创建了摆脱折衷主义羁绊、强调“形式服从功能”的现代主义建筑流派“芝加哥学派”。而从更宏观的角度来看，芝加哥学派的诞生也隐含着工业革命导致的社会结构变化甚至传统欧洲与美洲新大陆不同的民主文化对审美所带来的影响。

■欧洲的传统建筑样式主要来源于以石料和木材为主要材料的教堂、宫殿以及贵族庄园，而这些建筑类型在19 世纪晚期已日渐式微，取而代之的是随着市民阶层和中产阶层的中兴而诞生的大量诸如车站、码头、商业大楼、图书馆等民用或公用建筑，无论从经济还是审美的角度，这些建筑都无法不计成本、滥用装饰，呈现出贵族文化所要求的那种新古典主义繁复琐碎的矫揉造作。究竟是满足于一种折衷主义的方法，用新的建筑材料来完成旧有的建筑形式，还是在突出功能的前提下反映新技术与材料的特点，芝加哥的建筑师们开始了激进的建筑试验。

摩天大楼之父

■詹尼（William Le Baron Jenney 1832—1907）是最早成功建造高层建筑的建筑师。他在建筑结构方面取得关键性突破的建筑，是1883—1885年建造的家庭保险公司十层办公楼（Home Insurance Building）。这是一座钢结构建筑，钢铁框架的运用打破了原有的建筑完全依赖于砖墙支撑，受到承重限制无法向高层发展的局限，使原本用于承重的墙体获得自由。这种结构为商业建筑在高度上的不断提升铺平了道路。詹尼除采用钢铁框架之外，还先后使用了电梯和中央供暖等新技术，并成功解决了防火问题，创造了简洁经济、讲求实效的城市高层建筑，正如1899年一位评论家所言：“电梯使办公建筑的高度增加了一倍，钢结构又使它再增加一倍。”詹尼被誉为“芝加哥学派的创始人”和“摩天大楼之父”。后来芝加哥学派的代表人物沙利文和伯纳姆都曾供职于他创建的建筑事务所。

■詹尼和他设计的芝加哥家庭保险公司大楼。

Santa Fe

形式永远服从功能，这是规律

LOUIS H. SULLIVAN
ARCHITECT, CHICAGO, ILL.

■路易斯·沙利文（Louis Henri Sullivan 1856—1924），芝加哥学派最重要的代表人物，提出“形式服从功能”的口号，奠定并完善了摩天大楼的建筑理念与形式。沙利文与詹尼一样出生于美国东部，后辗转来到芝加哥，并于1881年与建筑师阿德勒（Dane Dankmal Adler）合作开设了建筑事务所。在14年的合作过程中，他们成功设计了大量商业与公共建筑，如芝加哥会堂（Auditorium Building 1889）、芝加哥卡尔森·皮利·斯科特百货大楼（Carson Pirie Scott Store1899—1904）、纽约布法罗保险大楼（1894—1895）等。

■沙利文在芝加哥的工作当然也是从如何有效率地重建一个繁荣的工商社会开始，他曾在一篇评论文章《一个观念的自传》(The Autobiography of an Idea)中写下这样的文字：

■“高层商业建筑受到地价的压力，地价受到人口的压力，人口受到外部环境的压力……但是一幢办公楼不可能在没有垂直运输手段下超出走楼梯所允许的高度。因此这些压力就转移到机械工程师头上，他们的创造性、想象力和孜孜不倦的努力产生了乘客电梯……”

■“然而，墙体建筑的特性又内在地限制了它的高度，因为人口的增加，使越来越厚的墙体越来越多地吞噬了土地和楼板面积……芝加哥建造高楼的活动终于吸引了东部轧钢厂地方销售经理们的注意力，于是他们的工程师被打发到这里来工作，这样，采用一种可以承载全部负荷的钢框架的解决方案就出现在芝加哥建筑师的面前，很快世界上就出现了崭新的东西……”

■在帮助复兴这个城市的过程中，沙利文也逐渐完善发扬着芝加哥学派的建筑理念。沙利文的摩天楼简洁单纯，挺拔有力，创造了一种三段论的形式：底层与二层作为一个整体，可以用于商业空间，造型上感觉像是整个大楼的底座；三层以上是办公和住宅，其立面形态为整开间大玻璃的“芝加哥窗”，并强调垂直的线条；顶部可以有不同的外形作为装饰带。正如他自己所说，这是一种垂直的美感：

■沙利文和他设计的纽约布法罗保险大楼。

“高层办公大楼之主要特性如何？我们立即就会回答：它是高耸的，是每一处都值得骄傲的，直上云霄的东西；从底层以至顶层，跃然直上、浑然一体，中间无一处间断。”

■沙利文试图表明，事物的外形是与其特征及功能紧密地联系在一起的，所以他说：“形式永远服从功能，这是规律。”他设计的高层建筑强调根据建筑物的功能来确定其整体结构和外观，摒弃了那种套用古典主义建筑形式和滥用装饰的做法。他在1892年《建筑的装饰》一文中阐释了对于装饰的认识：“我要说，为了审美的利益，我们在若干年内要完全避免使用装饰，使我们的思想能够高度集中于创造体态完美清新的原生态建筑。为此，我们不得不容忍一些违心的事物，并通过对比明白当一个人以自然的、善意的、本质的和完整的方式思考时，将会产生多大的效果……当然，我们也会认识到，装饰是一种精神上的奢侈品，而不是必需品，因为我们发现了未经装饰的物体的巨大价值，也发现了它们的局限性。我们直觉地感受到，强劲、有力、简洁的造型会自然地流露我们的梦想和浪漫主义的情怀。”

■沙利文对于建筑现代性的追求纯粹而朴素，所以当另一位建筑大师伯纳姆为1893年芝加哥世界博览会设计出一组被称为“白色城”（The Great White）的新古典主义建筑群时，沙利文极为愤慨地称之为“反动倒退”，在他看来，那既是一种自大的炫耀（对新大陆的经济实力），又是一种自卑的附庸（对欧洲传统艺术）。

■沙利文的理想主义并未见容于当时的美国社会，自与阿德勒拆伙以后，他开始走下坡路，无人问津、酗酒离婚、郁郁而终。但其死后22年，却被美国建筑师协会授予金奖，并被公认为美国现代建筑的创始人之一。

■芝加哥卡尔森·皮利·斯科特百货大楼。

■芝加哥会堂内景。

芝加哥规划：Make no little plans！

■作为沙利文的批判对象，伯纳姆（Daniel Hudson Burnham 1846—1912）的确在他的创作思想中体现了某种暧昧的双重性。他早期与另一位建筑师路特（John Wellborn Root，1850—1891）在芝加哥合作设计了一批高层建筑，瑞莱斯大厦（Reliance Building 1891—1895）、路克里大厦（Rookery Building 1886）、墨拿德诺克楼（Monadnock Building 1891）等，其中瑞莱斯大厦对芝加哥学派的建筑使命做了非常明晰的阐释。但是在路特去世后，已成为当地最大建筑设计事务所负责人的伯纳姆却出现了转向古典主义风格的倾向。

■1893年，为庆祝哥伦布发现美洲大陆400周年，芝加哥举办了世界博览会。在这次世博会上，他邀请全美著名的建筑师和景观设计师参与工作，他们决定这次世博会放弃以往舞台式的临时性做法，而是建设“永久性的建筑——一个梦幻之城”，引发沙利文“反动倒退”批判的“白色古典巨城”就此诞生（后遭拆除）。任何历史存在其实都有其必然性，伯纳姆创作思想的转变其实体现了19世纪末内战后不久的美国的某种国家情绪——对统一与秩序的呼吁，对光荣与梦想的渴望。于是，欧洲文艺复兴时代和巴洛克时代的纪念性城市空间便成为新大陆临摹与收集的对象。

■虽然由伯纳姆主持的“白色城”颇遭现代主义者诟病，但在这次世博会之后由这位建筑师引发和推动的“城市美化运动”（City Beautiful Movement）却让许多美国城市焕发了生机和活力。伯纳姆曾相继主持过旧金山、克利夫兰和芝加哥的总体城市规划，并修订了华盛顿的首都规划（他本人设计的华盛顿联合车站和它周围的哥伦布广场，成为这一运动的一个典范）。

■1909年，著名的“芝加哥规划”正式发表，伯纳姆宣称：“不要制定那些隔靴搔痒的微观计划，因为它们不具备令人血脉贲张的力量……要制定这个城市的总体规划，用希望和勤奋去达成更高的目标。”

■伯纳姆和一批来自东部的设计师为1893年芝加哥世博会规划设计了一个被称为“白色城”的古典建筑群，被认为是复古主义的倒退。

■伯纳姆的目标就是今天芝加哥的现实，从天文博物馆到海军码头，沿着浩渺的密歇根湖湖滨依次展开体育场、美术馆、博物馆、公园绿地和美轮美奂的城市天际线，站在这条与太平洋和大西洋海岸线迥然不同却一样美丽的美国“第三条海岸线”上，我们习以为常的，与现代都市间“拉奥孔”式的抵死纠缠竟消弭于无形，变得温暖而柔软。

一个异端

■赖特（Frank Lloyd Wright 1867—1959），美国最重要的建筑师。埃罗·沙里宁曾经这样评价赖特："如果今天是文艺复兴时代，那么赖特就是20世纪的米开朗基罗。" 20世纪末，在《时代》周刊"20世纪最有影响力的100人"评选中，弗兰克·劳埃德·赖特成为上榜的惟一一位建筑师。

■但就芝加哥学派和现代主义建筑而言，赖特绝对是一个异数。他曾于1888年为自己在阿德勒和沙利文的事务所赢得一份绘图的工作，并在沙利文手下工作了六年，可以说，沙利文是少数对赖特有影响的人之一，赖特也曾协助沙利文设计并建造出很多代表作品，包括那座钢结构的划时代杰作——纽约布法罗保险大楼。然而赖特本人却否认与现代主义的关系，尽管他在毕生的设计实践中都坚持使用现代建筑材料，采用现代建筑结构，作品有强烈的功能主义倾向，也许我们可以称其为"一位具有强烈个人风格的现代主义大师"。

■赖特与沙利文的合作在1893年结束了，因为沙利文发现赖特私自接受了一个设计工作，这违背了当时两个人之间的协定。许多年之后，他们才重新建立了友谊。同年，赖特在自己定居的芝加哥郊区橡树园（Oak Park）设立了工作室，独立开业。从1889年到1913年他一共在这里设计了26幢住宅，如果算上相邻的河畔森林区（River Forest），两片小区共有他设计的35幢住宅，如今这里已经成为芝加哥建筑之旅的必到之处。

这些建筑比较系统地反映了赖特对"草原式"（Prairie Style）住宅的探索与实践。这类建筑以紧贴地面的设计映衬出幅员辽阔的中西部大草原的特征，有着横向延伸与自由流动的室内外空间，既有交融流通的空间又具备安静隐蔽的特色，赖特由此创造出一种全新的、本土化的美国式建筑，用他本人的话说是一种"由内向外发展的，与它所具有的条件相协调的建筑"。

■赖特对现代建筑最重要的贡献在于其提出的"有机建筑"的概念，也就是说，建筑应该在人类和他所处的环境之间建立紧密的联系。这种类似于中国传

■位于芝加哥郊区橡树园的赖特工作室。

■赖特作品：罗比屋。

统哲学中“道法自然”境界的建筑观念强调人与建筑、建筑与环境的浑然天成，建筑即是自然本身，而不是简单模仿甚或排斥隔绝自然。赖特的建筑已经不是简单地设计一个能够遮蔽风雨的房屋，而是一个能够符合使用者身体需要与心灵需要的有机实体。他在1910年时写道：“一种有机的实体，这种现代建筑与前者各部分无生命的拼合形成对比……在此我们确实有一种更高层次的整体观念……因而，在有机建筑中，将建筑作为一种东西来考虑，而把它的室内陈设、装修以及环境等作为另外一种东西来考虑，显然是完全不可能的。”

■与芝加哥学派对摩天楼的青睐相比，赖特完全走向了反面。这也许与他早年在威斯康星州农村的生活经

历有关。他对农村和自然，对自己青年时代的伟大人物惠特曼和马克·吐温有着极深的眷恋之情，他的作品让人觉得亲切又有深度，像惠特曼的诗歌和马克·吐温的小说般滋润着现代人日渐枯萎的心灵。

少就是多

■ “少就是多”（less is more），“造，不说”。

■这是一个土生土长的德国人，现代主义建筑的奠基者之一，二十世纪中期世界上最著名的四位现代建筑大师之一（其他三位为弗兰克·劳埃德·赖特、勒·柯布西耶与格罗皮乌斯）密斯·凡·德·罗（Ludwig Mies van der Rohe 1886–1969）的格言。

■板上钉钉，用沉默彰显自信，而自信背后是用理性和逻辑编织而成的德意志精神，像是一个曾经的亚琛石匠说出来的话。

■尤其是“少就是多”这句，常常被视为现代主义建筑中所谓国际风格的精神体现。不过你若是打算就此指责密斯·凡·德·罗的作品过于理性、缺乏情感和趣味，他一定会用他的另一句格言来反驳：“我追求最好的，而不是有趣”。

■密斯生于德国亚琛，原本为一石匠，年轻时学徒出身，甚至没有正式的高中学历，但是他对现代建筑的影响，已很难有人能超越。1930年，密斯承接了包豪斯艺术学校创始人、建筑师格罗皮乌斯的衣钵，担任包豪斯第三任校长。不过随后时局动荡，纳粹登上

■赖特作品：纽约古根海姆博物馆。

德国的政治舞台，包豪斯因其乌托邦倾向及社会主义色彩不容于纳粹当局而被迫于1933年关闭。密斯与创校人格罗皮乌斯等人流亡到美国，担任伊利诺伊理工学院（ITT）建筑系主任。然而，正是这位流亡者，完成了美国人沙利文和赖特未能完成的使命，

在美国和世界奠定了现代主义及其“国际风格”的统治地位。

■合理化、标准化与适用性是“国际风格”的基本原则。所谓国际风格与结构钢以及钢筋混凝土的普遍运用有着密切的关系。这些新材料的使用使消除承重墙成为可能，于是，外墙可以成为玻璃、金属或者砌体的维护结构，从而导致了新的空间组织概念，尤其是内部空间的自由流动。它与排成一串的静态“火柴盒”截然相反，后者是承重墙所要求的。这种样式的建筑因其极强的适用性在20世纪20年代之后广泛流行，不同国家的建筑在个性与文化上的差异越来越小而呈现出某种共性的因素，“国际风格”因此而得名。

■密斯·凡·德·罗作为这一风格的集大成者，自然有其独到之处，并非后世那些模仿者可比。作为钢铁和玻璃建筑结构之父，他发展出一种具有古典式的均衡和极端简洁的风格。其作品特点是整洁和透明骨架的外观，灵活多变的流动空间以及简练却极其精致的细部（用他的话说“细节就是上帝”）。

■直到1969年去世，密斯一直孤身呆在芝加哥公寓里从事设计工作，他沉默少言，却为这座城市留下了众多的现代主义建筑杰作——伊利诺伊理工学院、湖滨公寓（Lake Shore Drive Apartments）、IBM大楼、芝加哥新市政大厦、One Illinois中心……从而为这位大师的建筑哲学与格言做出了另类的注解。

■密斯作品：芝加哥湖滨公寓。

■密斯作品：纽约西格拉姆大厦。

■密斯作品：芝加哥伊利诺伊理工学院克朗楼。

BLICK
ZALES

Amalgamated Bank
One West Monroe
Amalgamated Ba

MAJESTIC BLDG

NO STOPPIN
NO STANDIN
TOW ZO

HOME FEDERAL SAVINGS

Park

■■■看这座城市，你最好的姿态是抬头

■芝加哥是座“风之城（windy city）”。风，时而急促时而柔缓；它们精力充沛，不停地在城市间游走，穿过一幢高楼，躲进一座古塔，又飞驰过桥面，掀起了行人的衣角。风带来了一丝丝凉意，凉意中，悄悄留

下震撼。

■芝加哥更像一个免费的建筑艺术博物馆，抬头望去，高楼林立，前后左右把你包围。与建筑相伴的还有散落在四处的城市雕塑，一条条柔美的曲线与刚毅的建筑直线互相映衬，相得益彰。德国哲学家谢林曾经说过，建筑是凝固的音乐，雕塑是凝固的舞蹈。这一对“姐妹艺术”，几乎占据着芝加哥城市的每个角落。

浴火重生

■芝加哥人说，看这个城市，最好的方式就是抬头。好的建筑是不由亵渎的，需要读懂它性灵的人，需要他们的仰望。那些思想的碎片、艺术的精华、生活的智慧，巧妙地藏在片砖只瓦中，因为无语，更使人敬仰。

■据说凡是学建筑的美国学生，都会到芝加哥的市中心参观，来研究这些风格迥异的建筑物；就算是个门外汉的旅行者，来美国都不想错过这个城市，因为过来人会告诉他们，那里的建筑或古老，或现代；或时尚，或古典。它们像被注入了生命一样，融入了芝加哥的城市生活。

■芝加哥 40 层以上的楼宇就有大约 50 座。不要以为那是简单的重复，找个当地的导游可以如数家珍地报出很多设计师的名字，当然直观的感受更能说明问题：这里哪有相同的建筑？这里的每一幢高楼都有各自的风格，他们沉寂地坐落于芝加哥的每个角落，稳重又庄严，真实地守卫着这个城市。

■从某种意义上说，芝加哥的建筑成就源于风火的合璧。

■1871 年 10 月 8 日，一个晴朗的星期天，芝加哥的街头挤满了寻欢作乐的人群。忽然，城内东北部传来第一个火警：一幢房子起火了！消防队员尚未抬出装备，另一个火警从该屋三公里外的圣巴维尔大教堂传来。此后，警报自四面八方接踵而至，消防队东奔西突，不知所措，整个城市陷入慌乱之中。第一个火警发出两个半小时后，全城陷入一片火海之中。

■芝加哥是 16 世纪欧洲人建立的定居点，1834 年才刚刚建市，大火前已是世界肉类工业的“首都”，人口达 30 万。可惜建筑物多属简陋木屋，容易着火。这场大火延烧到次日上午，全城化为灰烬瓦

■据称是由一头奶牛引发的芝加哥大火。

砾。亲人们围着烧焦的尸体哭声震天，幸存的人也是一无所有。救灾委员会事后报告：除有部分土石屋安置灾民外，还有12.5万人无家可归，财产损失1.5亿美元（相当现在的20多亿美元）。

■后来人们开始研究谁是这场大火的肇事者。当时的舆论认为，是一头奶牛碰翻了煤油灯引发的；可人们又发现，大火并不来自一处，而是同时各地开花。同一个晚上，芝加哥周围的威斯康辛州、密歇根州、内布拉斯加州、堪萨斯州、印第安纳州的一些森林、草原，也同时起火。因此，也有天文学家说是流星惹的祸。不过到底是什么原因，谁也没考证出个结果来。

■不管大火起自哪里，人们必须面对大火之后犹如一堆废墟的芝加哥。当时正是美国建筑业开始兴盛之时，重建的过程自然成了建筑学家驰骋的天堂，每个建筑师都想在这里留下他们的创作精神，包括当时著名的建筑大师路易斯·沙利文、伯纳姆、路特以及后来的赖特、密斯·范·德·罗、海尔穆特·扬都纷纷献出他们的灵感。受到大火的重创和工业发展的影响，当时建筑师们还形成了一个强调“形式服从功能”的新建筑流派——芝加哥学派。这一学派讲究全钢结构的高楼，以超过10层的实用大楼为主流。一时间，这座城市迅速“长高”——玛丽娜城、西尔斯大厦、箭牌大厦、约翰·汉考克大厦……直到今天，这些建筑界的杰作仍留在了芝加哥，为当地人享用，给旅游者观赏。

■值得一提的是，那把大火把芝加哥几乎所有的建筑毁于一旦，但奇迹般地仅仅留下了一座处于芝加哥市中心的白色水塔（Water Tower）。如今，水塔已不再履行蓄水的功能，而是成为了芝加哥的标志性建筑。

■我们就从古塔出发，展开芝加哥的建筑之旅。

■芝加哥的天际线。

CAT
CATERPILLAR

流动的盛宴

■水塔（Water Tower）

■水塔坐落于“华丽一英里”上，在Michigan Avenue和Chicago Avenue的街口，白色的建筑隔街相望。这老式的古堡已不单是建筑，更像一尊雕像，一张巨幅的立体水彩画。

■水塔的其中一边是蓄水塔，始建于1867—1869年，所蓄水源来自密歇根湖，现在是芝加哥观光导游局所在地，对面的抽水站内还放映“Here’s Chicago”的介绍片。

■如今，水塔已成为公认的芝加哥象征。夜晚的水塔格外漂亮，塔内发出柔媚的黄光，与白色的外楼相得益彰。周末时，水塔旁的大道上还会停着几辆供观光客游览的马车，仿佛让人们置身于19世纪的芝加哥，带着欧洲殖民地风采，又散发出芝加哥人特有的生活情趣。

■约翰·汉考克大厦（John Hancock Center）

■从水塔往北走两个街区就是约翰·汉考克大厦。这是一幢高达100层的建筑物，当地人喜欢叫它big John。大楼的1–5层是精品商店，6–41层是写字楼，42层以上是公寓，95到96层是一家餐厅兼酒吧。从地面乘坐电梯到94层仅需39秒。

■它的外形像把梯子，看上去有些怪异，是由著名的Skidmore Owings & Merrill建筑事务所（即SOM，总部设在芝加哥，光在本地就拥有1000多名员工，专长于摩天大楼的规划设计，在芝加哥城区有几十座大楼都是他们的作品，其中最负盛名的是曾经的世界最高建筑西尔斯大厦。上海金茂大厦也出自他们的手笔。）设计的。大厦属于约翰·汉考克保险公司所有，大楼的名字则是纪念18世纪的船业大王约翰·汉考克。

■有趣的是，让汉考克出名的还不是造船，而是《独立宣言》的文件。

■1776年北美13个大英帝国殖民地造反，发表《独立宣言》，第一个在宣言上签名的不是起草人杰弗逊，也不是著名政治家富兰克林，而是个叫约翰·汉考克的富商。这位独立运动领袖之一，把他在《独立宣言》上的签名写得比其他人要大两倍。对此他解释说："这样那些英国佬们不用戴眼镜就可以看见我的名字了。"从此以后，美国人也把John Hancock作为签名的同义词，也难怪汉考克大厦95层的餐厅叫签名室（Signature Room）了。

■要在Signature Room里面吃顿饭可不是件容易事。

■"我们建议客人提前几个星期就来预定座位，"餐厅的市场经理安琪拉·罗曼说道。实在吃不到饭也无妨，就去96楼的酒吧坐下，点一杯"摩天楼"（The Skyscraper）——一种售价为10美元的混合饮料，照样可以让自己沉浸在曼妙的夜景中。

■餐厅和酒吧都很大，各有300个位置，且60%的位置都靠窗。不过据说预定并不能保证靠窗的位置，一切都得凭你的运气。

■安琪拉是个漂亮的芝加哥女孩，她每天早上起床

都要花一个多小时化妆，穿上得体的衣服，配上闪亮的首饰。今天，她穿了件咖啡色的低领长袖衫，拿了根银质的项链挂在脖子上，又挑了个银色的手链，正准备戴上，还是放下了，最终选择了一只宽大夸张的金色手镯。

■ “我有一半的工作时间是在夜晚，我要让自己更闪亮一点，这样才配得上这里。”安琪拉笑了，露出一排闪亮的牙齿。

■安琪拉现在的工作来得并不容易，7 年前她从这家餐厅的服务员做起。

■ “我 17 岁就来这里打工，最早做的是餐厅部的服务员，”安琪拉不但不忌讳“服务员”这个工作起点，说起来反而非常骄傲，露出芝加哥人特有的自信。当时她还在美国印第安纳州的普度大学（Purdue Univ.）读餐饮管理学，从一年级开始她就在签名室里打工，几乎一天都没落下。今年，她正式做上了市场经理的位置。

■安琪拉说她早已爱上了这个独特的餐厅，因为这里是看芝加哥风景最好的地方，她每天都要看，每天都看不腻。

■ “我最喜欢南面的风景，因为可以看到密歇根湖，其次是北面的。这里白天和晚上都很漂亮，这个城市时刻在闪亮。”这个女孩的脸上总挂着甜美的笑容，她微笑着招呼熟客，偶尔亲自为客人斟上美酒，俨然是餐厅的女主人。

■安琪拉说，芝加哥是美国第一个启动“点亮工程”的城市，

为的是避免鸟儿撞到漆黑的建筑而丧命。在鸟群迁徙的春季和秋季，芝加哥会彻夜点亮所有高楼大厦的灯火，这一举措让整个城市在一片黑夜中闪闪发光，格外迷人，而Field 博物馆的研究人员做过统计，点亮工程每年避免了数以万计的候鸟丢去性命。

CHASE
UNITRIN
CONRAD

TRIBUNE TOWER

■《芝加哥论坛报》总社（Tribune Tower）

■若从水塔出发沿着密歇根大街往南走，就可以看到一幢典型的哥特式建筑，大楼前有个巨大的广场，这就是美国发行量第三大报《芝加哥论坛报》(Chicago Tribune）的总部。这幢36层的大楼很有特色，大楼的外墙上镶嵌着世界各地著名建筑（包括古罗马竞技场、金字塔和中国的万里长城）上的砖石。墙面上还有报道广岛原子弹爆炸、肯尼迪总统遇刺时的原版报纸。

■芝加哥论坛报大厦的设计方案是1922年一次世界性竞赛（Chicago Tribune Tower Competition）的获奖作品。那次竞赛吸引了全世界259份方案参赛。现实中的建筑由建筑师胡德和豪厄尔斯（Hood & Howells）设计，建筑立面上可以看到古典哥特式构图的三段法：底部的四层基座、中间20层垂直贯穿的中段、顶部数层直插蓝天的尖塔，象征人类与上帝的沟通。当年的竞赛曾吸引了世界范围内许多知名建筑师参与，比如获得第二名的沙里宁，比如落选方案的设计者，现代派大师格罗皮乌斯等。直到现在，仍有不少建筑学家和城市规划者对格罗皮乌斯表现包豪斯风格方案的落选感到惋惜，认为是现代主义的一种损失或曰新古典主义的一次成功复辟，有点类似沙利文和伯纳姆的分歧。但结合19

■现代派大师格罗皮乌斯的参赛落选方案。

世纪末20世纪初美国的历史情况来看，这一方案的落选也有其必然性。当时的美国颇为国力的强盛而自豪，现代主义建筑强调适用性、轻忽装饰性的理念并不符合那种举国性的炫耀及与之伴生的在文化上翻版欧洲古典艺术的心理。

■这张《芝加哥论坛报》在美国也颇具影响。这是一张以小而精取胜的报纸，是被美国新闻界公认跨媒体步伐最快也最成功的报业集团。1996年以报纸发行量计在美国报业集团中排行第十。从1996年开始，这家报纸又向广播电视领域发展，先后在华盛顿特区、费城、波士顿等城市收购了16家电视台，使其拥有电视台的总量达到22家。2001年，该集团已成为全美仅次于三大广播电视网络公司的第四大广播公司，也是非广播网络公司所有的全国最大广电集团。

■镶嵌在芝加哥论坛报大厦外墙上的“文化石”。

■箭牌总部大楼（Wrigley Building）

■从论坛报大楼再往南走就到了Chicago Avenue Bridge，大桥脚下是密歇根湖在城内的一条支流——芝加哥河（Chicago River）。如果你在芝加哥街头仔细留意，可以看见很多写着“Y”字标记的标牌，这就是芝加哥河的模样。它把城市中心的陆地分叉开来，又同时给这座城市带来了碧蓝的河水以及无数具有不同特色的桥梁，沿着河几乎每走10分钟就有一座桥，成为当地一道独特的风景线。

■再往南走，桥头就能看到35层高的Wrigley大厦，这就是箭牌总部的所在地。箭牌公司已有上百年的历史，有人甚至把箭牌口香糖、可口可乐和汉堡包看成美国典型生活方式的象征。这幢大楼也有些像口香糖，乳白色的楼面、方整的造型，大楼微光闪烁，像某些Beaux Arts风格的教堂，敦实又不失气派。

■马利纳城（Marina City）

■芝加哥河畔就是著名的双子星大厦。它太容易辨认了，外观长得就像两根巨大的玉米棒，芝加哥本地人也就直呼它为“玉米棒”（the Corncobs）。大厦共60层，下层设有商店、车库、影院、溜冰场和办公楼，上层是公寓。这幢大楼最有意思的是低层敞开式的车库，从外面可以清楚地看到一排排车头车尾整齐地排列着，仿佛再倒退一步就要掉下来一般。

■这里的住户不需出楼，衣食住行就都可以解决，怪不得这一对姊妹楼被称为马利纳城（Marina City）。它建成于1964年，出自建筑师伯特仑·哥德堡（Bertram Goldberg）之手。

PUBLIC PARKING
CLOSED
OTHER

■芝加哥文化中心（Culture Center）

■Michigan Avenue 和 East Washington Street 交叉处是芝加哥文化中心。这里是旅游者喜爱的地方，不仅因为文化中心内有免费的艺术展览，还因为Chicago Greeter 组织就驻扎在这里。

■芝加哥文化中心的前身是芝加哥公共图书馆。图书馆二楼的大厅叫Preston Bradley Hall，大堂巨大的楼顶上镶嵌有Tiffany的玻璃屋顶和一盏Tiffany吊灯，据说这是世界上最大的一块Tiffany屋顶，仅屋顶的价值就高达3500万美元。屋顶的图案是十二宫星座，馆内的立柱上嵌有16世纪欧洲风格的花纹，显得华丽而不失庄重。在馆内东西两侧房间内的墙壁上刻有欧美著名作家的名字，以及各国文字的推崇知识与思想的格言，其中自然少不了汉语，中国人可以前去考验一下自己的古文能力。

■图书馆建于1897年，但当芝加哥的人口从1890年的100万迅速增长到1930的300万时，这个图书馆便显得太小了，于是当地的设计师最终在1977年将图书馆改造成一个文化中心，里面有艺术展、讲座室、咖啡座，还有旅游者和当地老年人的活动中心。

■50岁的薛瑞璋在芝加哥生活了27年，2006年她把自己一手创办的公司卖给了别人，提前退休了，她递过来一张浅绿色的名片，上面一行写有Chicago Greeter的字样。

■Greeter是问候者的意思，当见到来芝加哥的旅游者时，他们就是一群友好的“问候者”。Chicago Greeter是当地很有特色的免费服务，由一群当地的志

愿者组成，带你游览建筑群、艺术博物馆，或者给你提供游览目的地的最佳建议和路线。这个组织就隶属于芝加哥文化中心。

■薛的名片上还写着她擅长的导游领域，最受国内同胞喜爱的应该是下面一行小字：Languages：Mandarin（语言：普通话）。

■薛身着红色毛衣，脚下一双旧旧的旅游鞋，身后背着个小书包，俨然一副行者的样子。她从书包里拿出一本书——《Chicago′s Famous Building》。她说她从2007年年初开始做greeter以后，就看了大量介绍芝加哥的书籍。"不过现在年纪大了，有时候老记不住，所以还得带本书在身边。到时候你们别介意我翻书哦。" 薛笑得眼睛眯成了一条线，她的普通话听上去挺标准。

■薛年轻时来芝加哥读大学，随后又游遍了整个美国，最终她决定留在芝加哥。"这个城市四季分明，城市很漂亮，生活也很方便，所以我待到现在。如果你喜欢城市生活，这里是个很好的选择。"

■薛在芝加哥读完大学后，就加入了一家跨国企业做系统工程师，做了10年后自己开了家IT公司，又干了10多年。她说工作20多年，现在想提前退休了，趁年纪还不算太大，腿脚还灵活的时候到处玩玩。她说这叫"Early Enjoyment"。

■"在这里，你不用去挖空心思追求过高的物质生活，你要问自己，你的生活是不是过得有趣？有趣才会有价值哦！"她又哈哈地笑了。她选择做greeter也是因为自己的兴趣，喜欢交朋友，更喜欢给新朋友讲解这个城市。她说她这两年的工作就是传递这个城市带给她的幸福感受。

■芝加哥文化中心内的艺术展览和音乐演出。

TION·TO·GENERATION·AS·PRESENTS·TO·THE

■世界上最大的一块 Tiffany 屋顶。

■千禧公园（Millennium Park）

■文化中心的对面就是千禧公园。这是个不得不去的地方，既看人又看景。千禧公园最著名的雕塑叫做

“云门”（Cloud Gate），是英国艺术家阿尼什·卡普的作品。从某种角度来说，这个像颗豌豆的作品真切地体现了人与城市的融合。你不仅可以在雕塑的表面，精细打磨的不锈钢镜面上看到云卷云舒中芝加哥美轮美奂的天际线，还可以进入“云门”，站在雕塑的内部感受镜面中的无数自我与芝加哥景色的水乳交融。

■千禧公园的皇冠喷水池（Crown Fountain）是另一处不容错过的景致，这是西班牙艺术家豪马尔·普兰萨的设计杰作，同样体现了人与城市的互动，传统喷泉雕塑与现代电子科技的融合。普兰萨的灵感来自于爽朗友善的芝加哥人以及这座城市与水（密歇根湖和芝加哥河）的天然纽带。喷水池的两边竖有两块相对而望的巨大LED屏幕，其中不断翻过芝加哥市民的笑脸，他们的嘴里还会时不时吐出一条条水柱。孩子们总喜欢在喷泉前玩耍，不把自己全部淋湿决不罢休。

■千禧公园是个完全敞开式的公园，无论旅游者或当地人都喜欢这里。除了云门，皇冠喷水池、波音展览馆（Boeing Gallery）之外，还有大片的绿地和遍地的郁金香。

■值得一提的还有杰·布利兹克音乐厅（Jay Pritzker Pavilion），这是专门举行露天音乐表演的地方。它的造型很奇特，远远看去，舞台像是个由钢铁系成的巨大银色蝴蝶结，露天座位后方是个大草坪，草坪上方交织了一大片钢架，上面的音箱可将舞台上现场演奏的音乐完美地传送到席地而坐的听众耳中。

■华丽一英里（Magnificent Mile）

■建筑的集中地属于Michigan Avenue，而作为芝加哥市中心的主干街道，这条大街自身也有亮点所在：华丽一英里。大街几乎贯穿整个芝加哥市中心，但只有自Chicago Avenue Bridge 往北至East Oak Street之间的七条街才被称为华丽一英里。

■这里有整齐美丽的行道树，宏伟挺拔的高层建筑物，优雅的顶级品牌商店，当然还包括各类赏心悦目的橱窗陈列品。芝加哥的华丽一英里就像纽约的第五大道，但芝加哥毕竟不是纽约，繁华的街头没有匆匆而过的“纽约式”的步伐。也许芝加哥人不仅迷恋这座城市高度发达的商业，更愿意漫步街头欣赏随处可遇的美丽。

■西尔斯大厦（Sears Tower）

■如果说每一座芝加哥的高楼都是这座城市的保护神，西尔斯就是它们的首领。

■如果说芝加哥是个巨人，西尔斯就是他那伸向天际的苍劲有力的手臂。

■西尔斯大厦体量极大，占据了芝加哥市中心很大一个街区。仰头望去，灰黑色的楼面甚至有些压抑。大厦一共有443米（1454英尺）高，共110层，由9座塔楼组成，同样是SOM事务所的杰作。

■据说，从开始建造到完工的1974年间，这幢大楼共使用了7.6万吨钢铁和1.6万张玻璃幕墙。这些生硬的数据也许有些抽象，不过也有人算过这样一笔账：建造大厦的钢铁足以制造五万部汽车，混凝土足以建造一条八车道八公里长的公路，电线可以绕地球一又四分之三圈。

■如今，每天在里面工作的人员达到1.5万名之多，这样的规模实在不亚于一个小城镇。1996年，马来西亚的吉隆坡竖起了高达450米的双子塔，在此之前，西尔斯一直是世界第一高楼。

UNITRIN

■海军码头（Navy Pier）

■海军码头（Navy Pier）原名Municipal Pier，始建于1914年，1916 年对公众开放。码头坐落于密歇根湖边，目前是个游船码头。

■在第一次世界大战期间，这个码头被暂时作为军用领地。1927年为向一战退伍军人表示敬意，改名为海军码头——这恰恰是一个预言性的更名：在第二次世界大战期间，海军码头一度被军方用作海军训练基地。随后的几十年间，此码头处于沉寂状态。1989年芝加哥政府投资15亿美元重新修建码头，1994年重新对游人开放。而今在这里有各种娱乐内容，是紧靠市区的一个非常吸引人的旅游胜地。

PAVILION
CHICAGO CHILDREN'S MUSEUM
NAVY PIER IMAX THEATRE
RETAIL SHOPS
RESTAURANTS FOOD COURT
OOD COURT
ARKET HALL
King Wah Express
McDonald's
Popcorn Palace & Candy Emporium
Pretzelmaker
Twisted Lizard
ATM

■走在芝加哥的街头，常常感到犹如徜徉于艺术的海洋，城市街头雕塑、公共艺术作品让你目不暇接。他们像一个个舞者，定格在优美的舞姿中。芝加哥人喜爱公共艺术，整个城市里有400多件室外艺术品，人们甚至可以在警察局或消防站外看到雕塑。

■**毕加索，毕加索（The Picasso）**

■西班牙画家毕加索把他最知名的雕塑放在了芝加哥。这个巨大的钢雕建于1967年，有50英尺高。它没有名字（untitled），人们直接叫它“毕加索（The Picasso）”。这一雕塑是立体主义的杰作，它将物体进行全方位的展现，呈现平面的复叠和超现实的失真，这也是毕加索的拿手好戏。

■这座“毕加索”到底是什么一直众说纷纭，没有定论。一些艺术评论家认为毕加索是用了他的狗来当模特，也有人觉得从那凹凸的侧面来看，似乎是毕加索的第二任妻子雅克琳·洛克的侧面像。不过这一著名雕塑的坐镇，也让广场旁32层高的大厦显得不那么孤独，有了它才得以协调和缓冲，每天有许多人坐在它的身边，听它在风中“歌唱”。

■马克·夏加尔，四季（The Four Seasons）

■在芝加哥市中心的Bank One Plaza（Dearborn和Monroe大街交界处）有一幅色彩艳丽的马赛克拼接画，它展现了芝加哥的六个图景，四个季节，取名为“四季”（The Four Seasons）。巨大的壁画上绘有鸟群、花草、太阳、建筑和这个城市的芸芸众生，上有250种颜色，色泽奔放又不失柔和，这是马克·夏加尔在芝加哥留下的杰作。这位生于俄国的犹太画家的风格既老练又富于童真，能巧妙地将真实与梦幻融合在色彩的构成中，让过客情不自禁地被它吸引，驻足良久。“四季”的真品收藏在法国夏加尔美术馆内，芝加哥这一作品由当地一名马赛克壁画高手临摹而成。

■亚历山大·考尔德，火烈鸟（Flamingo）

■芝加哥联邦中心广场上的“火烈鸟”也是芝加哥的宠儿，它是美国著名雕塑家亚历山大·考尔德（Alexander Calder）的作品。老远就能看见那鲜红的弧线，庞大的身躯，仿佛是远古的动物，又像是钢铁的怪兽，显示出极强的生命活力和激烈的动感，令人精神振奋。有人称火烈鸟是巨大城市空间中的现代图腾。

■顺便提一句芝加哥联邦中心，这幢大楼是由著名建筑师密斯·凡·德·罗设计的。这位大师的名字可能并不被建筑外行们所熟悉，但他的一句格言却脍炙人口：“少就是多”（less is more）。看一下玻璃和钢铁所呈现的简洁与平衡，以及围绕着这三幢大厦的广场，你就会明白此言的真意。

NO STOPPING
NO STANDING
TOW ZONE

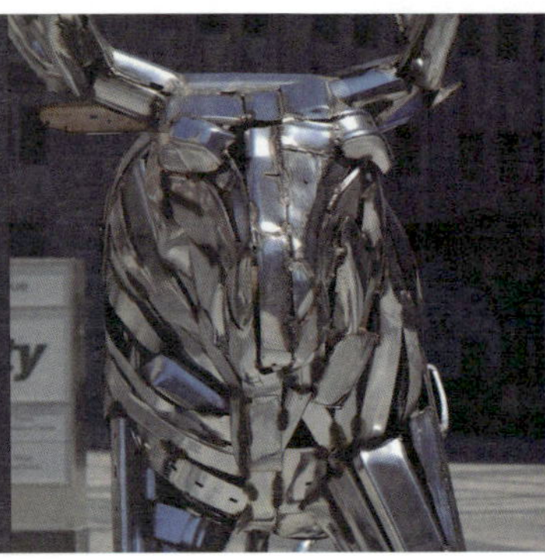

■■■随时和艺术发生关系

■风的美妙，在于它富有灵气的变幻和流动，它游走四方，把各地搜集的艺术精华留给了芝加哥。柏拉图曾说，美是难的（Beauty is Difficult）；芝加哥人笑了：这里到处是艺术，到处都是美。

■不知从何时起，芝加哥就和“艺术”二字纠缠在了一起。看马路旁的普通宣传海报，都是与艺术相关，有马友友的音乐会，有自行车文化节，还有叫“Looptopia”的市民音乐盛会。这是一个很有创意的音乐盛会，当天下午 4 点到次日凌晨，无数市民会走在芝加哥的市中心以音乐和行为艺术来表达对生活的热爱，无论你是否具备艺术细胞与表演天赋都将愉悦地投入这艺术的狂欢，正如海报上煽情的语句“Are you in?”

柳条公园的艺术生活

■初春的周六下午，芝加哥的阳光有些暖。

■24岁的Michael Hathaway在柳条公园（Wicker Park）的一个街角拉手风琴，火红色的T恤，破旧的牛仔裤，金色的卷发。他的琴声悠扬而欢快，眼神暖暖的，旁边有他的三个同伴，其中一个在伴奏。

■在Michael眼里，芝加哥就是他的艺术天堂。"我喜欢这儿。来来往往行人的表情，常给我带来灵感"，Michael说。

■Michael是个墨西哥人，来芝加哥已经有四年了。他是个艺术家，因此选择来到自由惬意的芝加哥，住在感性又性感的柳条公园。他经常和朋友一起在街上演奏，不过，不要以为他在行乞，他只是在街角看看行人，即兴地练琴。一如此时此刻。

■柳条公园是芝加哥城区西北部的一个小镇，并不大，也就五六个街区，紧挨着CTA地铁蓝线（blue line）。1871芝加哥大火之后，柳条公园就是德国、瑞典商人喜欢聚居的地方。到了19世纪末期，波兰人又来到了这一地区，柳条公园曾一度被称为"波兰人的黄金海岸（the Polish Gold Coast）"。目前，柳条公园地区还保留着波兰式风格的天主教大教堂。二战之后，越来越多的波兰人从柳条公园搬出，这个地区便又成为波多黎各人和墨西哥人的聚居处。

■柳条公园像美国其他一些小镇一样，有自己地区的特色且生活便捷；但不同的是，它具有更浓郁的艺术气息。最热闹的一条街道叫米尔沃基（Milwaukee），两旁拉丁风格的古老建筑里是各种商店，从唱片到拖鞋，从手工的时尚服饰到自称的经典家具，从韩国料理到西班牙Tapas风味馆。墙壁上有浓墨重彩的涂鸦，间或有戴着夸张太阳镜的板寸头男子倚着停车咪表抽烟，和附近酒吧里的乐手闲散地打着招呼，操一口带龙舌兰味道的英文。

■顺便说一句，"Wicker Park"也是一部爱情/惊悚片，中文译名叫《谜情公寓》，乔什·哈奈特疯狂地爱上了黛安·克鲁格。可惜的是，这部影片只是借用了柳条公园的名气而已，实际拍摄是在魁北克的蒙特利尔，不过走在Milwaukee大街上，那份艺术的神秘与风情却丝丝缕缕地挥之不去，传递着影片中百转千回的耽美与眷恋。

BOOKS
CIVIL WAR
American App
IMPOUNDED
SIDEWALKS

■ Wicker Park 的街头艺术。

NO
TURN
ON RED
TACO
idwest
ank
THE FLAT IRON

一抹黑色的音乐传奇

■19世纪末的美国南方。农业的发达仿佛罪恶渊薮，农场主向各国的人口贩子购买来自殖民地的黑人，这些黑奴在农地里辛勤地劳作。正如我们在各种资料上得到的粗浅印象，黑人的生活显然并不好过。身为奴隶怎么好过得起来？可是人活着却必须自得其乐，黑奴们当然也有自己的娱乐，这是主人们不能也不敢限制的，因为一旦失去这仅有的娱乐，他们也就失去了劳作的动力。

■第一种娱乐当然是宗教活动。就文化而言，黑奴与原先非洲大陆的根源被割断了，失去了传统的文化与信仰，黑人不得不放弃原有的宗教，转移到基督教信仰。黑人基督教除了提供黑奴重要的精神寄托，也提供他们娱乐活动。他们会在基督教堂里唱福音诗歌、跳舞以取悦自己、取悦上帝。

■另一种娱乐则是不同形式的歌唱。黑奴来自不同种族与国度，拥有不同的文化背景，要能聚在一起，便需发展出共同的文化语言。于是不同种族的黑人就各自挑选其文化中特有的音乐元素、乐器等进行演奏，常常是你唱了一句，我觉得可以唱得更好，便另唱一句，一搭一唱间，一首曲子便已然成形，于是音乐中天然有了混血的味道。后来在工作中，白人工头觉得大可利用这种现象，便放任甚至怂恿黑奴们在劳作中也藉由歌声找出和谐，使彼此的动作一致。这种音乐后来被称为“Work Song”，也就是所谓的“作活歌”。

■在宗教与世俗生活中用一息尚存的人性力量去倾诉苦难，呼唤救赎，安慰饱受屈辱的灵魂，这便是布鲁斯和爵士乐共同的黑色起源。

■一旦失去这仅有的娱乐，黑人们也就失去了劳作的动力。

■1964年，（左起）威利·迪克逊（Willy Dixon）、穆迪·沃特斯（Muddy Waters）、布迪·盖伊（Buddy Guy）在切斯唱片录音室录音。

■早期的布鲁斯在密西西比三角洲农村出现。那些随农忙季节迁徙的黑人是最早出现的蓝调歌者。他

们用浑浊而粗暴的唱腔倾诉着离乡流浪与为爱漂泊的宿命。早期的蓝调歌者总是在酒瓶与圣经、自弃的绝望与圣灵的救赎之间挣扎。这种浓厚的宗教性来自草根社会蜉蝣般的灵魂对无常厄运先知般的体验。其后，随着北方工业经济的发展，美国南方的棉农经济开始崩溃，南方黑人开始向北方大城进行大规模迁徙。从20世纪初开始的30年间，光芝加哥城就有近二百万黑人涌入。向往美丽新世界的南方黑人在芝加哥的铁道、磨坊、工厂、码头、车站找到了靠体力劳动而能安身立命的工作。这些手执铁锤身披吉他的吟游歌者，带来了他们最为钟情的音乐，在风城的大街暗巷写下了一页黑暗的传奇。

■如今走在芝加哥街头，常常看到黑色皮肤和你擦肩而过。芝加哥800万人口中有40%左右是黑人，芝加哥自然而然地成为了美国布鲁斯音乐的主要阵地。芝加哥有很多纯正的布鲁斯酒吧，如BLUE CHICAGO，B.L.U.E.S，KINGSTONE MINES，RED FISH，BUDDY GUY'S LEGEND等等。

■今天在KINGSTONE MINES的演出嘉宾是Linsey Alexander，一位长期混迹于芝加哥布鲁斯酒吧的黑人歌手。

■9点半演出正式开始。在门口买一张15美元的门票，挑个非吸烟区坐下，点一瓶百威，Linsey已经上台了。

■才拨弄了几下吉他，这位黑人歌手便唱起了由Muddy Waters唱红的老歌Hoochie Coochie Man。气氛一下子就被推向高潮。这就是芝加哥典型的布鲁斯酒吧，舞台和观众没有距离。

■Linsey的演出持续了两个钟头，最后一曲终了后，他略带深沉地总结道："Blues music is not hard — it's just a documentary about life."

■是的，布鲁斯并不难演奏，它不过是部生活的纪录片。

■B.B.King（图左）和他的乐队从1940年代起，花了数不清的日子做巡回演出。

■根据恰克·D的说法，"吉米·亨德里克斯把类固醇放入蓝调之中"。

■说起布鲁斯的孪生音乐形态爵士乐，有这么个故事：1950 年联合国世界卫生组织为了帮助发展中国家，曾经送了一组抽水马达给非洲尼日利亚的一个小村落。抽水马达装好后，就有源源不断的清水可供当地村民使用，村民们很高兴。不过联合国的人还是纳闷，为什么那些村民一直围着抽水马达唱歌跳舞呢？一问才知道，原来当地的村民觉得抽水马达的节奏很迷人，这些黑人的耳朵很敏感，甚至能够分辨出每一圈马达转动声音的不同，觉得这节奏复杂而美妙，所以跟着一起跳舞。这正说明了爵士的精髓，所谓"复式节奏"，一首曲子会有好几个节拍在进行，其实爵士乐的祖先并不在芝加哥，而在南部路易斯安纳州的新奥尔良。新奥尔良是从非洲海运黑奴到美国的东路必经之地，因此是黑人云集的地方，曾被称为"黑人首都"。1916 年世界大战爆发后，新奥尔良成为美国色情行业最发达的地方，妓院、色情酒吧也成了爵士乐手赖以生存的地方。但好景不长，当时的美国国防部长发现军人每天不是醉醺醺就是精神不济，调查后发现这些现象都是色情行业所致，于是下令关闭这些场所。爵士乐手为了生存，只好另谋出路，他们沿着密西西比河北上，来到了芝加哥。爵士乐的中心从此转移到了芝加哥。

■爵士乐的鼻祖应该算是果冻卷摩顿（Jelly Roll Morton）了，1940 年摩顿过世之前，曾接受过一家媒体的采访，访谈中他自大地宣称："I invented Jazz！"

■1976 年，詹姆斯·科顿与小威尔斯（右）在芝加哥泰瑞沙酒吧（Theresa's）的一场深夜口琴决斗。

■贝西·史密斯化身蓝调女伶。

报道一出，反弹之声四起，不过却又没有人能完全否定他的宣称。他在音乐上的天分实在是惊人，每天都在舞厅演出，而且为了持续吸引听众他就不断变换曲目，当然这也让他赚得盆满钵满。1923 年，他在芝加哥光演出的收入，每周就有 500 美金。摩顿的成功从他的钻石假牙便可见一斑。据说他有一颗镶了钻石的假牙，这应该是全世界最贵也最坚硬的牙齿了吧。

■此后，果冻卷摩顿的另一个对手奥利弗国王（King Oliver）也培养了一个著名的乐手："爵士乐之父"路易斯·阿姆斯特朗（Louis Amstrong）。他独特的小号吹奏风格，奠定了在乐坛中不朽的地位。他有着惊人的即兴能力，在录制唱片的时候，其他乐手几乎只能勉强跟随，大多数时候是他的独奏！

■路易斯·阿姆斯特朗待在芝加哥的时间，正是爵士乐蓬勃发展的时期，他的崛起，也带动了当地爵士酒吧、舞厅及唱片业的繁荣。

■如今的芝加哥仍然是布鲁斯和爵士乐的天堂。

■《芝加哥论坛报》的乐评人格雷格·罗特曾说来到风城的游客有福了，因为他认为目前是探索芝加哥音乐和夜生活的最佳时代，他说："自从我在这里工作以来，还没有见过像现在这么多的乐队一齐在芝加哥演奏的时候。芝加哥是培养天才音乐人的温床，这里有几百个俱乐部，也是一个创造和欣赏各种不同类型音乐的理想之地。"

■这位不知名的盲眼街头歌手在 1960 年代时徘徊在芝加哥的麦斯维尔街。

■蓝调歌手猎犬泰勒。

OPEN
Detroit Junior
BILLY BRANCH
THE SONS OF BLUES
December 8th
Detroit Junior, 73,
WAITRESS
WANTED
APPLY INSIDE
McCray
Liz Mandville Greeson
EDDY CLEARWATER
CHICAGO BLUES CENTER
Joanna Connor
Kenny Neal
LINSEY ALEXANDER
Someone's cooking in the kitchen
Magic Slim
ILBA
One Nation, Many Faiths.
The Interfaith Alliance
2006 MEMBER

■芝加哥既是摩天大楼云集之都，也是美术馆荟萃之地，城中仅主要的大美术馆就有 9 座，画廊总数更有 60 多座，足见芝加哥人的艺术品位。这其中首屈一指的当属创建于 1893 年，坐落于 Michigan Avenue 上的芝加哥美术馆（The Art Institute of Chicago）。这里是美国三大美术馆之一，外观呈维多利亚风格，玻璃是黑色的，据说这是为了抵挡外界的阳光以保护馆内的艺术品。全馆规模巨大，分 10 个展馆，共收藏展品 30 万件以上。若是美术爱好者，在此流连一周恐怕都嫌不够。

■“最令参观者惊喜不已的是，在这里经常会有出人意料的发现：古中国的玉器和日本的版画；精美的秘鲁陶器；事实上是一整部历史的老照片；以及馆藏的来自欧洲和美洲的油画、雕刻和最精美的版画。”美术馆现任馆长詹姆斯·伍德介绍道，然而这种春秋笔法的表述远不足以概括美术馆丰饶的馆藏以及东西方艺术的交融辉映给人带来的震撼与陶醉。

■一层大厅陈列着几个文明古国的珍贵遗存。北侧几个展室分别是非洲原始艺术、古埃及、巴比伦艺术；南侧是以中国、印度、日本、朝鲜等国家为代表的亚洲艺术展区；中间一条长长的走廊两侧，则是古希腊、罗马时期的文物珍品。

■在中国展区，入口处的方厅内陈列着两具完整的唐代石窟造像，其精美的程度足以代表中国古代石窟艺术的最高成就。展区内丰富的藏品包括商周时期的青铜器，汉代的玉器、画像石、陶俑，唐代的三彩陶器，元代的绘画，以及以定州窑、钧窑、景德镇等为代表的历代名瓷，蔚为大观，实际构成了一部相

■美术馆前的青铜狮子如今也已成了芝加哥地标之一。

对完整、线索清晰的中国美术史资料！其中一具名为“女骑手”的唐三彩作品，骑马女子头髻高阔，体态丰腴，身体微向前倾，衣褶随风微扬，马匹形体健硕，色彩丰富，整个作品呈现出盛唐时期健美华丽的审美风尚。

■二层展区主要呈现西方艺术发展的进程。沿着曲折的回廊一路右转，依次是：20世纪的现代派绘画，19世纪的印象派代表作，18世纪的写实主义作品，文艺复兴时期的雕塑和绘画，一直可以上溯到中世纪的宗教艺术作品。

■在所有的展品中，印象派作品占了极大的比重，也最受关注，比如初期印象派的作品——卡耶博特的《雨中巴黎》所传递出的“石阶的清澈光线及空气中弥漫的冰冷”。雷诺阿的《两个马戏团女孩》则是向美术馆捐赠了很多艺术藏品的帕玛夫人的最爱。

■美术馆还陈列着洛特雷克的《红磨坊》、修拉花了近两年时间完成的《大碗岛的星期天下午》、梵高凭借对色彩与光线的精微把握而创作的《自画像》以及《阿尔的寝室》、塞尚的《苹果篮》。此外还有莫奈的《干草堆》和毕加索年轻时的代表作《老吉他手》。

■美术馆不仅陈列着历史的丰饶，还同时展示着现代的激情。馆中藏有不少当代艺术精品，从摄影、录像到装置艺术，同样令人流连。从代表着西方艺术源头的古希腊陶制酒器，到中世纪精致华美的宗教礼器，到十八世纪精微的写实主义、十九世纪辉煌的印象主义及二十世纪充斥着强烈反叛精神却在经历百多年探索后无可避免地走向衰亡的现代主义，再到表达方式与价值观都更为多元的当代艺术，在上下三层以及若干拐角之后，你仿佛经历了一整部艺术发展史。

■在芝加哥美术馆中漫步，上下三层和若干拐角之后，你仿佛经历了一整部艺术发展史。

OCT.31,1978

Colima
Sonora
Jalisco
Veracruz

Spring Sale!
All Rabbits, Bunnies, Eggs & Butterflies now on sale!
Spring Sale!
50% OFF
"The" Deluxe Rabbit Pearl
Spring Sale!

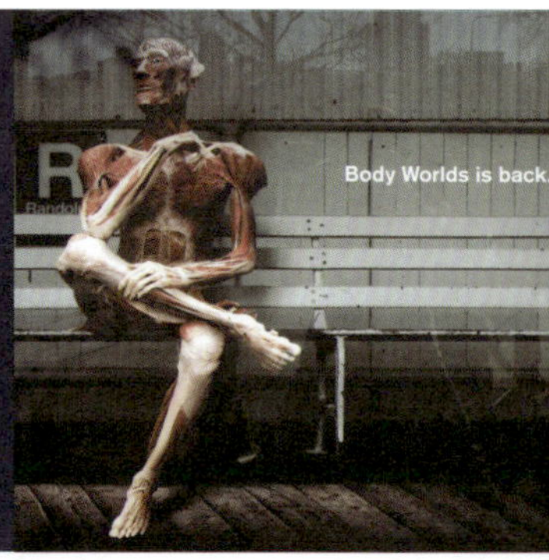
Body Worlds is back.

MONICA
LAUNDRY
ONLY

■■■麦芒上的繁荣

■没有人会置疑芝加哥的繁荣。这种繁荣不仅在于昼夜闪亮的城市面容或者城市生活环境的惬意，它更多地来自良好的经济制度的推动和人们对工业发展几乎狂热的追求。从这个城市的建立至今一向如此。

■芝加哥的那些剧院，都是来自著名企业的赞助，诸多的博物馆和艺术中心，更少不了政府的支持和社会

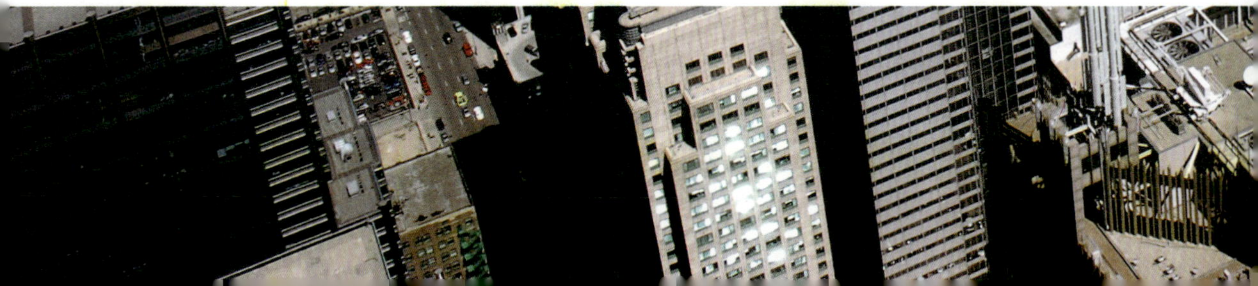

的慷慨捐助。还有越来越多的工厂在这里扎根繁荣，给芝加哥带来很多引以为豪的名字：麦当劳餐厅、健牌口香糖、摩托罗拉手机……此外，芝加哥的工业气氛还吸引了很多有着商业头脑的生意人，他们或将藏匿在民间的小小发明，变成了产业化的热销产品，比如滚轴溜冰鞋；或自己在芝加哥创造发明，自立产业，成为世界人民至今享用的美食或消费品，比如爆米花和拉链。

上天保佑吃饱了饭的人民

■最让芝加哥人骄傲的是久盛不衰的商品交易所。

■19 世纪开通的密歇根运河把处于内陆的芝加哥和五大湖连接了起来，从那时起芝加哥就顺势变成了繁荣的港口城市。19 世纪三四十年代美国中西部的大规模开发又给芝加哥带来了天赐的发展机遇，很快，芝加哥从一个名不见经传的小村落发展成重要的粮食集散地，中西部的农民都把自己种的粮食谷物运到芝加哥，卖给贸易商再运往东部的消费区。

■可是时间久了，芝加哥人发现了一个问题：农作物生产的季节性和自然灾害的影响，让他们的农产品价格波动很大，农民、贸易商的收入非常不稳定，有时候甚至血本无归。

■于是，聪明的芝加哥人创造了“远期合约”。远期合约可以通过今天设定的价格，防范未来的不利价格走势（避险）。假设有一位德克萨斯州的小麦农夫，小麦收成代表每年辛劳的报酬。他把大部分的小麦卖给其他的农夫作为牲口的饲料。他每年都会祈祷小麦价格上涨，使得小麦收入增加。反之，小麦的使用者每年都祈祷小麦价格下跌，降低生产成本。因此，他们的立场虽然各自不同，但都需要在几个月之前预先设定价格，如此才能安排种植或是采购计划。除了价格之外，还需要设定小麦交割的时间、地点与品质。

■而用“远期合约”来锁定农产品未来的合理价格，这样就能在一定程度上为农场主和贸易商们抵抗未来未知的风险。1848 年，芝加哥 82 位从事粮食贸易的商人自发地组建起第一个农产品期货交易所——

■交易所大楼坐落于杰克逊大街，初看并不起眼，仰头一望，却能看到一个30多英尺高但没有五官的女神像，这就是象征谷物和丰收的罗马女神赛瑞斯（Ceres），犹如我国的神农氏。

美国芝加哥商品交易所(Chicago Board of Trade, CBOT)。

■交易所成立后，芝加哥的商人尝到了“锁定风险”的甜头，但也发现了不足，每种商品的交易时间、数量、品种都不同，而且“远期和约”还是有很大的风险，因为必定会有一方是亏的。于是，进取的芝加哥人又开始对交易规则加以完善。1865 年，他们用标准化的期货契约取代了远期合同，并实行了更为科学的保证金制度，以允许通过对冲的方式中途结束这笔期货交易。

■由于期货契约的投机性质，这个行业很快就吸引了农夫以外的玩家，他们穿着条纹衬衫、吊带裤，梳着时髦的发型，开着意大利红色跑车。他们操纵着巨额资金，在翻转的数字中寻找刺激，一天可以做上十几甚至几十笔生意，从中牟利数百上千万，当然也可能顷刻间亏得倾家荡产。

■100 多年来，这种通过“未来的承诺”的交易方式来避险的需求一直存在——人们在不确定环境中追求确定性的需求。如今，芝加哥商品交易所已是世界上交易规模最大、最具代表性的农产品交易所。据说，交易所的总交易场面积同一个足球场相当，地板下面排布了大约一万英里长的电话线。交易厅边缘的价格板每天显示大约 90000 次价格变化，不断显示的价格同时传向世界各地，影响着国际市场的粮价。只不过，今天的粮食交易所中，你再也看不到一个农民，也见不到一粒粮食。

■芝加哥商品交易所除了提供玉米，大豆、小麦等农产品期货交易外，还为中、长期美国政府债券，股票指数，市政债券指数，黄金和白银等商品提供期货交易，以及农产品、金融及金属的期权交易。如今，芝加哥商品交易所的玉米、大豆、小麦的期货价格，不仅是美国农民在生产前后需要牢牢盯住的参考价格，也成为在国际农产品贸易市场上的权威价格。

■芝加哥商品交易所中目前只有农产品交易大厅还保留着在交易所参与交易的传统，因为这里的交易员更喜欢这种现场感，且交易大厅屏幕上的数字是交易后的第一反映，比互联网上更快。

疯狂交易秀

■芝加哥商品交易所，当地时间9点半。一阵钟响。

■在这幢41层的大楼里，一个名叫农产品期货交易大厅的地方，突然间沸腾起来，理智的天平瞬间转向疯狂。只看见一群人不停地互相叫喊，伸出手臂做着夸张的手势，焦躁地拥挤在一起。其中一些人在不断抬头看黑色大屏幕上闪烁的红色绿色或是橙色的数字，一些人在低头操作电脑，或在大厅里面奔跑，还有的索性随手就把一张小纸片揉做一团后扔在地上。

■他们完全旁若无人，执著于属于他们的世界。在外人看来这简直是一群"疯子"。只不过是一群高智商的"疯子"。

■他们往往是拥有优秀商科学历以及丰富期货交易经验的经纪人，每个工作日的9点半到1点15分，他们就在芝加哥商品交易所里和屏幕上的数字战斗，和数字背后的其他交易对手战斗，还得时刻阅读各类政治、经济、天气新闻，以此做出投资判断。

■交易所分两个市场：农产品交易大厅和金融期货衍生品交易大厅，现在金融期货交易大厅已实现更多的场外交易，要看到上千人拥在一个大厅里厮杀的场景恐怕要追溯到5年前。当下，只有农产品交易大厅还保留着在交易所参与交易的传统，因为这里的交易员更喜欢这种现场感，且交易大厅屏幕上的数字是交易后的第一反映，比互联网上更快。

■交易员们往往是以团队的形式进行投资，一个负责接收委托投资者的电话，一个负责下单，另一个可能在处理各类新闻信息。下完单的纸片当即撕掉，然后随手扔在地上，据说是为了防止其他人看到交易信息。

■上午10点，从交易大厅参观完下楼，碰到了一个穿着红马甲的交易员匆匆上楼，他似乎没吃早饭，拿着份刚买的生菜色拉赶向电梯。见他胸口别着一个名片牌，上面写着偌大的"BOW"（鞠躬的意思）。据一位随行的工作人员介绍，在这里，每个交易员都会有个好记有趣的简称，这简称可能和他的真实名字风马牛不相及，比如那个叫"鞠躬"的家伙真名叫做"Victor"。

■走出交易所大楼，芝加哥的凉风又一次不期而至。这阵风吹得正当其时，在大楼里积聚的紧张兴奋的情绪一下子得以消散。交易所大楼坐落于杰克逊大街，初看并不起眼，仰头一望，却能看到一个30多英尺高但没有五官的女神像，这就是象征谷物和丰收的罗马女神赛瑞斯（Ceres），犹如我国的神农氏。在罗马神话中，赛瑞斯是宙斯的姐姐，掌管农业的女神，她赐予大地生机，教人类耕种，同时她也是正义女神。

■下完单后撕碎的纸片扔了满地，据说是为了防止其他人看到交易信息。

■交易所门外另一尊气定神闲的雕像和高楼间穿行的凉风消弭着大楼里积聚的紧张兴奋的情绪。

芝加哥创造

■工业的发达程度一直是芝加哥的骄傲。很久以来，芝加哥得益于身边的密歇根湖，成为美国工业化起源的重要场所，被称为美国的“工业之母”。但也许很多人并不知道，一些至今流行的美食、消费品或连锁餐厅，都不约而同地在这里诞生……

■滚轴溜冰鞋

■滚轴溜冰这一运动的源头并不属于美国。他最先出现在18世纪的英国伦敦，一个叫Joseph Merlin的比利时人心血来潮发明了有四个轮子的鞋子。他很得意，在一次朋友举办的晚宴上，他把他的发明展示了出来，并当场演绎怎样在四个轮子上飞速前进。不过他的水平实在不高，既不会刹车也不会转弯，结果重重地摔向了一面镜子，以受伤收场。

■此后，滚轴溜冰鞋经过了很多人的改良，比如增加了鞋前的橡胶刹车装置和如何转弯的设计。但最终将滚轴溜冰这一新兴娱乐项目商业化的却是芝加哥。1881年，来自弗吉尼亚州的小伙子Henley开始在芝加哥大量生产“芝加哥牌溜冰鞋”。他的溜冰鞋质量很好，很快就赢得了全美国市场。在高峰期，他的公司一个星期要生产1.5万双滚轴溜冰鞋。

■Cracker Jack

■Cracker Jack是一种美国人至今特别喜爱的爆米花食品，它裹着香甜的糖浆，伴着脆脆的花生。

■1871年，一名德国移民（仍然不是芝加哥人）Frederick William Rueckheim来到美国种田，当攒到第一个200美元的时候，他决定去芝加哥卖爆米花。他来到了芝加哥当时最繁华的113 Fourth Avenue（如今的Federal Street），开始用他的手摇蒸汽机器来生产爆米花售卖。他的生意很好，不久就把在德国的弟弟也召来了芝加哥。此后，两兄弟又将软糖包裹在爆米花上，让爆米花变得更加香甜诱人。

■1885年，发了财的两兄弟在芝加哥的一栋三层别墅里住下，可惜两年之后，一场大火让他们的家园毁于一旦。当然，这并不能停止两兄弟对事业的追求。他们不断改进爆米花的口味。1893年，他们把裹着糖浆的爆米花和花生放在一起，就成了今天Cracker Jack的雏形。但人们不太喜欢Cracker Jack那层太粘的糖衣，于是两兄弟继续改革，将糖衣变得很脆很干，爆米花一下子热卖。这一制作配方，在今天的

Cracker Jack 公司仍然属于最高商业秘密。

■为什么叫 Cracker Jack？这是一句英语俚语，意思是"something very pleasing"(很愉快之事)。1896 年，两兄弟把这一名称注册成爆米花的名字，还打出了一句著名的广告语："The more you eat，the more you want"(让你越吃越想吃)。

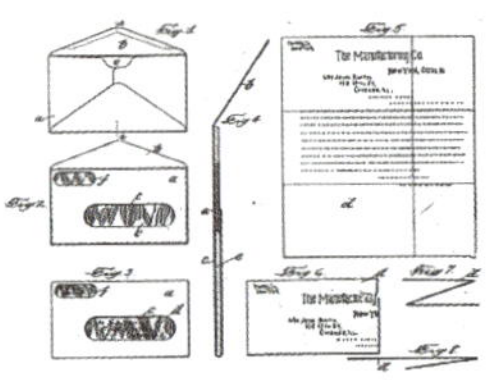

■信封上的窗户

■每次收到信用卡账单，就可以看到信封上的一个塑料窗户，账单上的名字和邮寄地址赫然在目。这一"信封上的窗户"(Window Envelope）是 100 多年前一个名叫 Americus Callahan 的芝加哥人发明的，这一发明大大节省了人们邮寄和印刷的成本。

■Hostess Twinkies

■1930 年，芝加哥一名面包师发明了一种新的甜点：Hostess Twinkies。这是一种内裹奶油酱的松软蛋糕，类似国内知名的消闲食品好丽友派。

■如今，内有美味果酱的 Twinkies 蛋糕已成为美国食品的重要组成部分，每年有 5 亿多只 Twinkies 蛋糕被美国人吃下肚中。这种蛋糕也已成为美国文化不可或缺的一部分，甚至成为美国卡通人物形象，频繁出现在书籍、电影、电视剧中。

■2000 年正值 Twinkies 蛋糕诞辰 70 周年，当时芝加哥人为它在海军码头举行了盛大的生日派对，Twinkies 蛋糕公司还做出了一只 25 英寸高、由 2 万只 Twinkies 糕点组成的巨型蛋糕，场景蔚为壮观。

■喷漆（Spray Paint）

■1948 年，芝加哥的大通（Chase）公司成为美国三家允许生产杀虫喷雾剂的厂商之一。不久以后，大通公司改装了杀虫喷雾罐装置，率先开始批量生产喷漆罐。这种喷漆比传统的刷漆要方便省力得多，效果也更好，因此这一产品很快在美国乃至全球流行起来，并极大地刺激了涂鸦这一街头艺术的兴盛。

■麦当劳餐厅（McDonald' s Restaurant）

■麦当劳是什么，全世界都知道。但并不是每个吃巨无霸汉堡的人都知道，又是芝加哥，给了麦当劳最合理的运营管理制度，推动了麦当劳的全球普及和繁荣，为世界创造了一个"麦当劳神话"。

■真正将麦当劳发扬光大的芝加哥人克罗克。

■最早的麦当劳，其实是麦当劳兄弟——理查德·麦当劳和莫里斯·麦当劳于 1948 年在洛杉矶东部的圣·贝纳迪诺小镇开办的汽车餐厅，以生产贩卖汉堡为主。这对犹太人兄弟来到美国开了这个汽车餐厅。销售这种每只 15 美分的汉堡包，并对经营方式进行了重大改革，采用自助式用餐，使用纸餐具，提供快速的服务。

■为求发展，麦当劳兄弟尝试着出售了为数不多的特许经营权，发展了一小批加盟店。这时候出现了一个聪明的芝加哥人——雷·克罗克。1954年，他和麦当劳兄弟签订了一份联合经营的协议，克罗克获得了在美国全国特许经营的权利，成为麦当劳特许经营的代理商。1955年3月，克罗克在芝加哥西北郊区开设了第一家麦当劳餐厅，创立了麦当劳特许加盟体系。1961年克罗克索性花了270万美元买下了麦氏兄弟的餐厅，麦当劳兄弟觉得自己赚到了一大笔，得意地收了山。

■可让麦当劳兄弟万万没想到的是，他们这对精明的犹太兄弟的生意经居然会比不过这个芝加哥小子。但事实上，克罗克很快把这个名不见经传的"路边餐厅"一手打造成为快餐业大鳄。麦当劳餐馆飞速地在美国，乃至全球各地开了花。至1996年，全球的麦当劳餐馆已突破了15万家；1964年、1966年和1994年，麦当劳售出的汉堡包数量分别突破10亿，20亿和1000亿。

■钢结构大厦 Steel Frame Skycraper

■1871年的那场大火把芝加哥烧得面目全非，但也出现了美国建筑史上的一次高峰，一批被称为"芝加哥学派"的建筑师开始新技术试验。他们最大的发现就是可以把钢梁连起来作为建筑物的整个框架，打破了过去钢梁只能用来作为内部支撑的局限。用这种"金属笼"结构、铁（后来是钢）骨架来支撑着建筑物。

■1885年，家庭保险大楼（Home Insurance Building）在芝加哥建起，虽然只有10层楼高，但却具有世界级的标志性意义：世界第一幢钢结构高楼。1931年，保险大楼被推倒，让位于Field Building，也就是今天的Lasalle Bank Building。

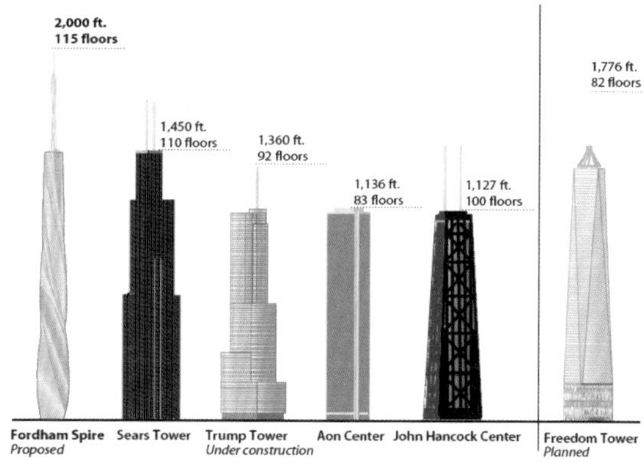

■芝加哥现有和规划中的摩天楼。

■拉链 Zipper

■19世纪末期，芝加哥一名工程师Whitcomb L. Judson发明了拉链。1893年，他将这一发明在芝加哥世界博览会上展出，让当时的人们大加赞叹。以后又和他的拍档Lewis Walker成立了拉链公司，只可惜他们俩并没有多大的商业头脑，在1903年Judson去世之前，拉链的生意并不好。

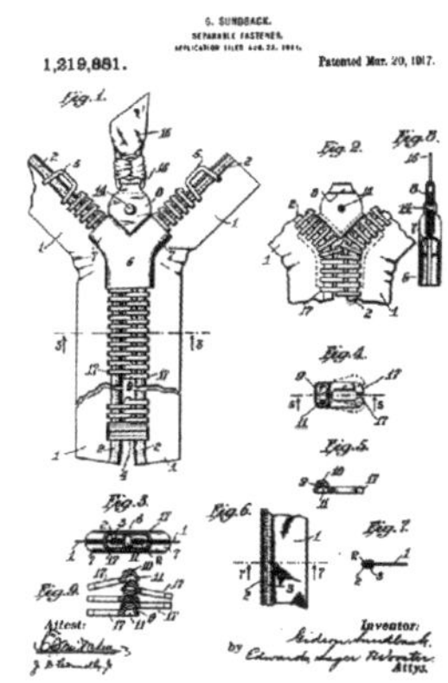

■1913年，一个曾为Judson工作过的小职员Gideon Sundback开始另起炉灶单干。这个瑞典人在Judson拉链的基础上做了改进，他称他的拉链为"hookless 2"，而且他很聪明地把拉链卖给了美国军队，用于军用服装和器具上，在第一次世界大战中发了一笔财，也由此大大提高了拉链的知名度。

■Zipper这个单词到1923年才发明，来自一个叫B. F. Goodrich的商人。他的公司生产的套鞋上装有拉链，他喜欢叫这一根根钩子条为"zipper"，因为拉起来的声音就是"嗖嗖地"，和"zip"的发音相仿。

WESTIN
VELLS STREET

LAUGH
STAY
DANCE
PARK GRILL
SNACK
EXPLORE
WALK
PARK GRILL
Keep Doctors in Illinois

1-888-YOUR-CTA
Board here
Howard

22 TO POLK

MONEY
SMART
WEEK
CHICAGO
APRIL 30 – MAY 5 | 2007
FEDERAL RESERVE BANK
OF CHICAGO

LAKEVIEW NEIGHBORHOOD
HEALTH CENTER

101.9fm
THE MIX

WERE YOU
SUBSCRIBE TO THE 2007/

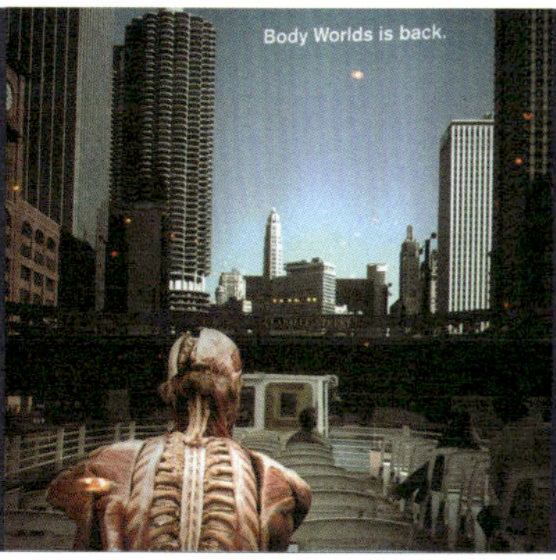
Body Worlds is back.

Out to street

Ask for
Lager

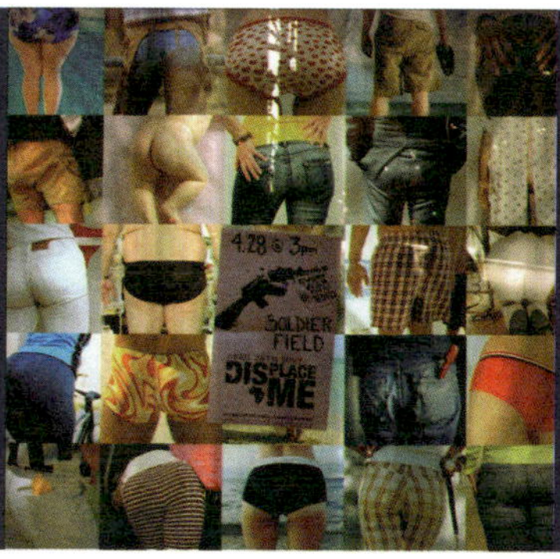
4.28 @ 3pm
SOLDIER FIELD
DISPLACE ME

Las Vegas

拉斯维加斯◆天堂口

◆人间。地狱。天堂。◆从琐碎平凡的日子穿越宛如炼狱的荒漠，你看见天堂口。◆“在这里发生，在这里结束”(What happens here, stays here)，天堂口最著名的广告语，这是由欲望构筑的幻境，你心安理得地及时行乐。◆只是，当欲望的满足成为灵魂出窍的最佳形式，当你如骇客尼奥一般义无反顾地穿越真实的荒漠，到达鲍德里亚用语言、沃卓斯基兄弟用影像所描绘的拟像世界时，是否还能听到彼岸接线员的召唤？◆天堂口，天堂的入口抑或缺口。

◆◆◆你不会错过拉斯维加斯！

◆飞机缓缓降落，狮身人面像和一座乌黑的玻璃金字塔映上了飞机舷窗。即使是因为时差而昏昏沉沉的我也不会因此“上当受骗”——这里不是埃及！但我依然震惊，震惊于一个城市的中心竟然可以离飞机场咫尺之遥，机舱里所有人兴奋起来，因为他们即将降临这座星球上最著名、也最疯狂的城市——拉斯维加斯。而我，半梦半醒之间，听见了拉斯维加斯恶作剧般的坏笑……

◆好孩子上天堂！因为那里纯净安详，能得永生。

◆坏孩子去拉斯维加斯，因为那里曾经恶名昭著，是公认的“罪恶之城”，充满了无尽的诱惑。

◆拉斯维加斯到底有多“邪恶”？还是亲身感受一次吧，或许看到今日的拉斯维加斯，许多人会尝试做一次“坏孩子”，因为拉斯维加斯值得你为它“变坏”一次！

◆走下飞机，第一眼看到的不是其他，竟然是老虎机！取行李？那玩意儿还在几千米以外呢，得换乘机场交通才能到达，但博彩娱乐却触手可及！你瞧，这就是拉斯维加斯，一个处处提醒人们及时行乐的地方。

◆步出机场，我不能免俗地再一次为拉斯维加斯感到惊讶。高大笔直的棕榈树挺立于街道两旁，奢侈地往一眼看不到头的远方排列开去。置身拉斯维加斯，你不得不随时提醒自己目前的所在——这里，是拉斯维加斯！不是夏威夷，更不是加勒比！我们正位于美国西部内华达州的无垠沙漠之中！再看看拉斯维加斯，哪里有一点身为沙漠城市的自觉？招摇的热带植物、放肆的巨型喷泉……在拉斯维加斯，水似乎不是游客需要考虑的问题。还是想想该怎么进入拉斯维加斯吧？除了步行、出租车、公交车这些常规的交通方式，拉斯维加斯别出心裁地为往来游客准备了更多种进出城市的交通选择。这对于第一次来

到赌城的游客们，是一个复杂而难以抉择的问题。

◆进入拉斯维加斯最奢华的方式之一应该是乘坐专车了吧，在拉斯维加斯，这并不是达官贵人的独享。任何人都可以在出机场的大门口轻易地发现类似服务——你的行李推车还没停稳，一位穿西服、打领结、戴白手套的司机已经恭敬地站到了你面前，他的身后是一辆会让大多数人感到面子十足的加长型豪华轿车，不用怀疑，这是为你专门准备的。轿车里从香槟到果汁，各种饮品一应俱全；宽敞的空间、舒适的座椅，这些都是身处公共交通中的人们无法想象的。车子平稳前行，你抬头仰视这座奇特的城市，城里的一切：酒店、街景、行人……也在向你躬身致意。作为一座纯粹的娱乐、消费之城，拉斯维加斯让每一位来客体

验到从未有过的尊荣与奢华。若要说拉斯维加斯有什么独特之处，善待每一位来客应该算是其中之一。

◆进入拉斯维加斯最豪爽的方式应该是乘坐赌场巴士。花上15美元购买车票，就可以得到价值32美元的回馈——12美元的自助餐券和20美元的赌场筹码。有的巴士甚至回赠客人20美元现金！你见过比这更豪爽的促销方式吗？天真得带点傻气，这就是拉斯维加斯的可爱之处。敢于将最疯狂傻气的念头转变为现实，或许敢这么做的不止拉斯维加斯一处，但是满满一条街、整整一座城到处可见如此疯狂天真“傻念头”的，恐怕就只有拉斯维加斯了。谁说赌城只有声色犬马和低俗世故？孩童似的浪漫想象闪耀在中心城区的每个角落：模仿世界上最知名景观建造而成的主题式酒店、会跳舞的巨型音乐喷泉、金银岛和海岛船、人和老虎的共同表演、炫目的灯光覆盖整整一条街道的顶棚……选择拉斯维加斯，其实就是选择了“疯狂报复”和“全面投降”——向紧张

压抑、呆板枯燥的现实生活“疯狂报复”；向天真烂漫、夸张奇趣的童真幻想“全面投降”！

◆如果想精打细算一点，可以试试第三种方式——乘坐拉斯维加斯的酒店专线中巴。花7.5美元，拿到一份免费的拉斯维加斯城区地图，上面清楚地标出了位于拉斯维加斯城内两块主要观光区域的所有大型酒店，只要在上车前告诉司机，他就会按照顺序依次把客人送往目的地。发现有什么好处了吗？Bingo！如果你恰好还没有决定住哪个酒店，那就选择离机场稍

远，位于拉斯维加斯大道另一头的酒店就对了。这样一来，你就有机会在初到拉斯维加斯的时候，毫不费力地把拉斯维加斯大道上那些著名主题酒店都看个遍，顺便对整个赌城的中心区域有一个初步了解——无需另找导游、不用自己费力步行、不用另外花钱坐车，在入住酒店的同时又可以大致浏览城市中心，最精明省钱的方式也不过如此了吧？当然，发现这个进入拉斯维加斯的方式有点“歪打正着”，每次到拉斯维加斯我都分不清东南西北，也更记不住哪家酒店位于巴士路线的末端，可能是上车时，说话含糊了点，人矮小了点，坐的位置又比较靠后，总之司机师傅把我给“忘”了，等他送完整车的人看到后车厢里还留下一件行李，这才发现车上的我——其实我住的酒店并不在最远的地方，只是拜粗心的司机所赐，才有了免费逛赌城的机会。不过，估计再碰上一个粗心司机的概率，比赢一次老虎机大奖还要低，所以如果想尝试这种方法的观光客，先得确保自己有精确计算酒店方位的能力。

◆纸醉金迷的拉斯维加斯并不是一个让人觉得难以亲近的地方，它试图让每一个来此游玩的客人都能满意而归。所以，即使“囊中羞涩”也不用望而却步，照样可以在这里找到属于自己的乐趣。平易近人、生动世俗是拉斯维加斯惹人喜爱的最大优势所在吧？

◆选择不同的方式进入拉斯维加斯，其实就是在选

择不同的方式和途径了解这个城市。没有对错和好坏之分，因为这个城市总是在不遗余力地表现自己，无论你选择什么方式接近它，都能在离开的时候对这个城市有一份完整的了解。

◆放心吧，你不会错过拉斯维加斯！

◆即使在很多年之后，我还会牢牢地记住这句话，因为我曾经那么深刻地记住了这个城市。那一次，我选择独自一人开车前往拉斯维加斯，因为我觉得只有如独行侠般穿越苍茫沙漠前往，才符合拉斯维加斯在我心目中的印象。虽然是第一次前往，但我相信那将是一幅令人激动的宏大画面。每踩一次油门，我就忍不住开始幻想我和它的第一次相遇。

◆那是一条异常宽阔、没有分叉的沙漠公路，一直将

你引向天地尽头。开始的时候，我一路猛踩油门，以最高速度回馈这条宽阔无人的“通天大道”。荒芜沙漠空无一物，几个小时过去了，路边的景致依然不变，仿佛凝固般停驻在路的两旁。渐渐的，我开始心虚，在沙漠中迷路的恐慌像一片巨大的乌云追赶了上来，踩油门的脚已经不自觉地比之前松开了许多。

◆不知道摩西在荒原中见到上帝是怎样的感觉？当我在地平线上发现一座加油站的剪影时，我想我能理解了。我几乎是感激涕零地冲进那座加油站，加油

站里的一位老伯，在我看来已经和神祇相去不远了。我激动得语无伦次，最后只能一个劲地比划着。

◆“哦，拉斯维加斯啊”，感谢上帝，让那位老伯明白了我的意思，他不紧不慢地站起身，朝着天边的方向直直地伸出一只手，不断地挥舞着，“向前，一直往前走，你不会错过它的！”

◆如果这时有一道闪电划过，我不会怀疑是这位神明般的人物投出的，拉斯维加斯还在茫茫天际之外，我回到车上，继续自己猛踩油门的豪迈行为。

◆夕阳西下，我想象自己是正驾着太阳车的阿波罗，毫不犹豫地疾驰着。拉斯维加斯仍然不肯现身，地平线上除了落日便再没有其他了。虽然有“神仙”老伯的指点，但独自驾驶整整一天的我不免又开始心慌焦躁起来，到底还有多远啊？拉斯维加斯到底长什么样子？我会不会错过了呢？

◆正想着，一些高矮不一的房屋朝我狂奔过来，戴着顶上稀稀拉拉的霓虹灯争先恐后地向我宣布他们的身份——拉斯维加斯。放慢速度，我试图找人解开心中的疑惑，还未等车停稳，一位漂亮的女孩子已经朝着我不停地使眼色，她的右手拇指像是被什么东西牵引着，一个劲儿地朝她身后未尽的大路比划着。路的尽头，天际已经染成了墨黑色，并且迅速晕染开来。我还想开口问些什么，那女孩先知似的开口了：“笔直往前开，拉斯维加斯就在前面，你不会错过它的！”

◆还有什么可犹豫的呢？我使出浑身力道踩下油门，往无边的黑暗中冲了过去。虽然仍有迟疑——黑暗中，我将如何辨识拉斯维加斯呢？但已经顾不上这么多了，只希望自己真的不会错过它。

◆记不清又开了多久，是否中间又出现过犹豫迟疑，但是当一道光芒被绣上黑丝绒般的天空时，我告诉自己不用再担心了。当这光芒洪流一样淹没远天黑暗，我的心整个提到了嗓子眼儿。刚才的担忧早已被洪流冲到了九霄云外，我激动得差点从驾驶座上站起来，只为了能早一步看到拉斯维加斯的真面目！

◆然后，像那些司空见惯的电影镜头一样，拉斯维加斯缓缓地从地平线的那一边升起，披着满身的华彩亮光，甚至连天上的月亮都羞愧地躲了起来。“这就是拉斯维加斯了”，我轻声对自己说，“那么耀眼夺目，我肯定不会错过它了……”

◆放心大胆地前往拉斯维加斯吧，亲自见证这座奇迹之城的真实面貌。放心地选择自己喜欢的游览方式吧，无论如何，你都不会错过拉斯维加斯！

◆◆◆一座城，一个世界

◆天地混沌之初，神创造世界。神说：“要有光。”于是，就有了光。不知道神创造拉斯维加斯是在第几天？不知道需要多久才能有那样的灵感爆发？

◆疯狂、张扬、天真、浪漫，当想象力碰上创造欲，这座城市便成了你无法回头的世界。

◆这里，原本只是沙漠中一片专属于印第安土著的绿洲，宁静、偏远，无人问津。后来，路过的西班牙商队发现了它的存在，并命名为Las Vegas（西班牙语“肥沃之地”的意思），神的休憩之地这才被公诸于世。喧闹的19世纪末，“淘金”者和火车工人先后路过，这里被挖矿的敲击声和火车的轰鸣声吵醒。因为这里有地下水源，火车站便选址于此处，城镇也随之发展起来。现在拉斯维加斯旧城中心的弗莱蒙大街（Fremont Street）就是当时的站前大道，以此为基础，今天拉斯维加斯的繁荣从那时起就开始累积。1905年，铁轨由洛杉矶经拉斯维加斯继续往

东延伸，联合太平洋铁路公司的库房也在此地建立了起来。从这一年开始，源源不断的外来人口开始涌入小镇拉斯维加斯，最鼎盛时，一天之内可以完成1200笔土地拍卖交易！

◆1911年，拉斯维加斯正式立市，当时的城市可没有现在这么漂亮，“那个时候住在这里是会把人逼疯的”，最早几批搬入拉斯维加斯市的居民回忆道，“这里没有街道、没有人行道、没有花、没有树，简直惨不忍睹。”尽快如此，这些人还是在一无所有的拉斯维加斯住了下来，在他们的努力下，一座城市就这样从无到有，在茫茫沙漠之中凭空建造了出来。

◆伸个懒腰，打个哈欠，拉斯维加斯如一位晏起的美人，慢条斯理地梳妆打扮起来。这一打扮就花去了30年的时间。1931年，“胡佛水坝”（Hoover Dam）开工修建，一夜之间数以万计的工人一波接一波地涌来，那盛况足以媲美当年的“淘金潮”。新一轮的发展，使得拉斯维加斯作为大型城市开始在茫茫沙漠里迅速成长起来。

◆同一年，拉斯维加斯所在的内华达州通过了一项赌博合法化的法案，从此以后，无视于沙漠的阻隔，人们在这里建造起肆意放纵的天堂。正是由于赌博合法化的推行以及胡佛水坝的开建，拉斯维加斯避免了美国经济大萧条的影响，并为今后的飞速发展奠定了基础。

◆据说，拉斯维加斯开始盛行赌博还和当时美国的离婚法变革有关——20世纪40年代前后，内华达州对于离婚的限制放宽，只要夫妻双方在本州住满6个星期就可以提出离婚申请。6周时间不算太短，因此内华达州许多无事可做的申请离婚者就通过赌博游

◆当年的弗莱蒙大街。

◆1931年“胡佛水坝”开工修建。

戏来打发这段时间。这个说法未经证实，不过确实很符合拉斯维加斯的风格。

◆为了吸引更多的人来到这片贫瘠的荒漠，发展赌博业似乎成了当时拉斯维加斯能想到的惟一奏效的方法。渐渐的，小客栈式的赌博场所越来越多，甚至干脆连火车站都盖进了赌场里。一时间，拉斯维加斯“聚赌”成风，这其中的可观利润也引起了有心人的重视。

◆1941年，拉斯维加斯的人口超过了8000，虽然寒酸简陋，但已经有真正的游客来到这里了——美国其他地方的人们开始对在拉斯维加斯附近修建的胡佛水坝等大型工程感到好奇，聚集到这里参观游览并逗留过夜。当地商人们发现了新的商机，于是

他们邀请汤姆·赫尔——El Rancho连锁汽车旅馆的老板，把自己的连锁旅馆开到拉斯维加斯来。就这样，汤姆·赫尔以很低的地税和其他费用轻易地得到了现在撒哈拉大酒店对面的这块土地，他在那里建造了拥有65间客房和一个游泳池的旅馆（El Rancho Vegas）。旅馆建造的时候，还没有把博彩项目考虑在内，不过El Rancho Vegas的事业还是相当红火，很快旅馆的房间就增加到125间。人们开始热衷于到这里来举办结婚派对和其他宴会活动，这也就成了今天拉斯维加斯以娱乐为主业的序曲。可惜的是，1960年这座“元老级”饭店毁于一场大火之中。

◆1946年，黑道势力介入，这是拉斯维加斯历史上具有里程碑意义的一年。那一年，由黑帮分子本杰明·西格管理的火烈鸟饭店（Flamingo）开业，接下来的故事是一个很好的电影剧本——本杰明·西格接受了来自黑道密友迈耶·兰斯基数百万美元的资金支持，没想到却被女朋友一卷而空，这个不幸的人在风光半年后便悲惨地成为“替罪羊”而遭到枪杀。以后的20年间，拉斯维加斯都笼罩在这样的黑暗阴影之下。如今，火烈鸟饭店已被希尔顿（Hilton）酒店管理集团接管，叫做火烈鸟希尔顿（Flamingo Hilton），整座酒店早已经过改建而焕然一新了。

◆1967年，美国历史上的传奇人物，美国的第一位亿万富翁霍华德·休斯进入拉斯维加斯并开始涉足酒店博彩业。随着霍华德·休斯不断地在当地买入新的产业，以及其他酒店集团的跟进，黑道势力逐渐退出拉斯维加斯的历史舞台。到20世纪80年代，赌城新一代“掌门人”史蒂夫·永利开始入驻的时候，属于拉斯维加斯的全新时代正式开始了！

◆赌城的“元老级”酒店El Rancho。

NEW YORK
NEW YORK
LIVE FREE.
DINE WELL.
DRINK
GOOD BEER.
NINE FINE
IRISHMEN

LUXOR

◆纽约纽约酒店。

◆卢克索酒店。

当你穿过那个街角，你就在瞬间跨越了世界

◆拉斯维加斯大道(the Strip）全长5500米，可能是世界上最花哨、最忙碌的街道了。在这里，埃及金字塔、狮身人面像与自由女神隔街相望；特洛伊木马与埃菲尔铁塔遥相呼应，当你穿过那个街角，你就在瞬间跨越了世界。此外，还有凯旋门、海盗船、童话城堡……很难想象若同样的街景被复制到另一个国家、城市，人们会不会接受这个疯狂的举动？但是，在拉斯维加斯，这绝对是一个天才的创意！

◆从拉斯维加斯大道最南端数起，第一座映入眼帘的是卢克索大酒店（Luxor），它以古埃及为主题，巨大的玻璃金字塔和狮身人面像是它的象征，当游客乘飞机降临赌城的时候，卢克索大酒店是他们从飞机上就能够一眼辨认出的酒店。

◆拉斯维加斯大道最繁忙的一个路口当属与热带大道相交的路口，在这个路口的四个方向分别坐落着四家大型主题酒店：它们分别是以中世纪骑士传奇为主题的石中剑大酒店（Excalibur）、以热带岛屿为主题的热带大酒店(Tropicana)、以时尚都市纽约为主题的纽约纽约大酒店（NewYork NewYork）和以电影为主题的米高梅大酒店（MGM Grand）。其中，米高梅大酒店拥有5000间客房，占地17万平方英尺，是Wynn Las Vegas开业以前，世界最大经营赌场的观光大酒店。米高梅的创始人是1990年改变拉斯维加斯的三巨头之一，柯克·克科里安（Kirk Kerkorian），他拆除了建立于1975年的Marina大酒店，在原址建立了现在的米高梅大酒店。酒店内有一座占地13.4万平方米的大型公园，园内的小路上镶有世界各国的地名，十分引人注目。不过米高梅最吸引人的莫过于养在酒店内的真狮子——从1999年7月开始，以特制透明玻璃制成的“狮子栖息地”(Lion Habitat)正式向公众开放。把狮子从小喂养大的驯兽师会进到狮笼中与狮子一同表演，令人瞠目结舌。客人们可以近距离接触到狮子，并与之拍照留念。

◆再往北一直走到下一个街区，路口同样聚集了许多有意思的主题酒店。意大利风情的百乐宫大酒店(Bellagio）以坐落在酒店正前方的巨型喷水池而闻名，其喷出的水柱达26层楼之高，非常惊人。这个喷泉每隔15–30分钟就会进行一次古典音乐与喷泉相结合的完美表演，既气势宏伟，又艺术感十足。由布莱德·皮特、乔治·克鲁尼、马特·戴蒙等众多巨星加盟演出的电影《十一罗汉》（Ocean's Eleven）就曾在此取景，大喷泉出现在了电影最后的一场戏中。百乐宫大酒店是由“赌城之父”Steve Wynn于1998年花费16亿美元打造的超豪华大酒店。目前大酒店除了各色表演外，还珍藏了高更、毕加索、莫奈等著名画家的大作。

◆与百乐宫大酒店对街而立的就是巴黎大酒店（Paris Las Vegas)了，巴黎大酒店活生生地再现了浪漫之都巴黎的众多街头景色，其中比例为埃菲尔铁塔1/2的小铁塔，是拉斯维加斯大道上最显眼的建筑之一。除

此以外，凯旋门、歌剧院和博物馆等在巴黎具有象征意义的景点都被酒店建造者贪心地一齐搬到了拉斯维加斯。

◆巴黎大酒店的室内是法国宫廷式设计，完工于1999年9月，总共耗资7.85亿美元，是希尔顿集团旗下的超级大酒店。在巴黎大酒店的小"埃菲尔铁塔"上可以一览无遗地观看到对街百乐门大酒店的喷泉表演，同时也是观赏拉斯维加斯大道夜景的好地方，所以傍晚时分游客络绎不绝。

◆拉斯维加斯大道上坐落着将近30家各有特色的主题酒店，除了上述这些，还有以海盗为主题的金银岛大酒店（Treasure Island）、以古罗马为主题的凯撒宫大酒店（Caesars Palace）、以威尼斯城市为主题的威尼斯人大酒店（Venetian）等等，可谓花样百出、新意不断。直到2005年，赌城又迎来了它全新的地标——Wynn Las Vegas大酒店，拉斯维加斯的历史也同时翻开了新的篇章。

◆拉斯维加斯大道上的主题酒店花样繁多，各有特色。但有一点是相同的，他们都经营赌场。那这些赌场里，到底有些什么类型的博彩游戏呢？

◆1） 二十一点（Black Jack），是一类比大小的纸牌游戏，庄家给每个玩家发两张牌，牌面朝上；给自己发两张牌，一张牌面朝上，一张牌面朝下。K、Q、J和10都算作10点。A既可算做1点也可算做11点，由玩家自己决定。其余所有2至9均按其原牌面数字计算。 如果玩家拿到的前两张牌是一张A和一张10，就拥有黑杰克（Blackjack）；此时，如果庄家没有黑杰克，玩家就能赢得1.5倍的赌金（2赔3）。没有黑杰克的玩家可以继续拿牌，以使总点数尽可能接近但不超过21点；如果超过21点，玩家就会输掉赌金。如果庄家的总点数等于或少于16点，则必须拿牌；如果庄家的总点数等于或多于17点，则必须停牌。

◆2） 梭哈（Poker），是另一种非常有名的纸牌游戏。从扑克牌的各门花色中分别取出8、9、10、J、Q、K、A，一共得到四种花色共28张牌。游戏开始后，先发给各家2张牌，从第二张牌开始自动亮出；从亮牌之后开始，每发一张牌，以牌面较大者为优先，进行下注。有人下注后，其他玩家自行决定是否跟牌。一旦放弃一次不跟牌，那先前跟过的筹码亦无法取回。每次发牌后的情况相同，但最后一轮牌发齐的时候允许Show Hand，即压上全部筹码，最后的胜利者获得本局桌面上的全部筹码。

◆3） 轮盘赌（Roulette），是一种比较容易玩又比较耗费时间的游戏，只要下注押不同数字或数字组合就可以了，但相比之下赢的机会和概率较小。通常的轮盘，比如美式有38个数字，1–36、一个单零和一个双零。当所有玩家投注后，庄家会放出一个小球，球最后所停的数字槽就是当局的结果，押准数字的赢最多，在不同赔率范围的数字组合所赢的比例也有所不同。

◆以上三种可算是博彩娱乐中最出名的，其他诸如

BALLYS
Jubilee!
BALLYS
Jubilee!
BALLYS
KC
MIN
SEA
OAK

◆金银岛酒店。

◆石中剑酒店。

◆拉斯维加斯大道上除各大主题酒店之外还散布着无数的普通赌场。

◆米高梅酒店。

吃角子老虎（Slots）、幸运轮盘（Wheel of Fortune）、骰子（Craps）、宾果（Bingo）、基诺（Keno）、运动比赛（Race and Sport Book）等各有特色。

◆五光十色的赌城总给人“高额消费，没钱免进”的感觉，其实拉斯维加斯并没有想象中那么高不可攀，稍微花些心思，你也照样可以便宜逛赌城：

◆首先拉斯维加斯大道上的多家酒店均有免费秀可看，比如金银岛酒店门口的海盗秀。这是一出关于海盗和皇家海军之间战斗的歌舞剧表演，情节紧凑、气势宏大。这场持续90分钟的歌舞秀每天晚上连演4场，吸引了无数观众；金殿酒店（The Mirage）门口没有真人表演，却有十分逼真的火山喷发场景，同样引人注目；凯撒宫酒店门口，从早上10点起，每隔一小时，在酒店购物中心尽头的喷泉水池会上演亚特兰蒂斯喷泉秀：当震撼的音乐缓缓响起，喷泉的巨型水柱随之起伏，一段惊心动魄的故事就此展开；相比较而言，百乐宫门口的音乐喷泉秀就显得斯文浪漫很多：这个人工喷泉水池的面积非常大，游客在此能欣赏到浪漫醉人的水舞表演，配以抒情的古典音乐……除了这些以外，在威尼斯人酒店门口的圣马可广场、在阿拉丁酒店（Aladdin）、在马戏团酒店（Circus Circus）等，游客们都有机会直接观看免费秀！如果你仔细寻找，还能发现一些有趣的角落。比如，热带大酒店就在人行道进入赌场的入口处特设了一个吃角子老虎机，免费让游客拉一把。说起这种角子老虎可算是赌城见到最多、最便宜的娱乐方式了。25美分就能拉一次，不失为一种消磨时间的另类方法，既体验了赌城，也不会开销过大，运气好的话，还能小赚一笔！

◆拉斯维加斯大道上的公车。

◆当华灯初上，各个酒店的免费秀一起唤醒了这个昼夜颠倒的城市。拉斯维加斯的一天真正开始了。漫步于拉斯维加斯大道，千姿百态的主题酒店在五彩灯光的装点下更添娇媚，毫不吝啬与所有人一起分享它的耀眼光芒。更为体贴的是，拉斯维加斯大道上还可以找到免费的交通工具——Tram电车，这种行驶于酒店与酒店之间的免费交通工具虽然路线不长（并不覆盖整条拉斯维加斯大道）、位置不佳（位于酒店后方），但仍然受到游客们的欢迎。目前，拉斯维加斯大道上共有三条免费电车线路，其中以百乐宫大酒店到蒙特卡洛酒店（Monte Carlo）之间的线路最为方便，因为它路线最长，而且是24小时通宵行驶；班次最频繁的线路是从卢克索大酒店到曼德拉海湾酒店（Mandalay Bay）之间的线路；最后一条就是金殿酒店到金银岛大酒店之间的线路。而无论哪一条都将成为精打细算游赌城的聪明选择。

疯狂之城的初体验

◆精彩的拉斯维加斯大道点亮了赌城，但赌城的精彩并不仅止于此。步出拉斯维加斯大道往北而去，作为赌城发源地的旧城区如今倒成了远离繁华喧嚣的安静之所。回想当年，赌城的第一条街道、第一栋高楼、甚至第一家电影院都出现在此，美国早期以赌城为背景的电影也都是取景于旧城区，其地位的重要性不言而喻。只是最近十几年的时间，随着拉斯维加斯大道的崛起与繁荣，才夺去了旧城区原有的光芒

与荣耀，"旧城"的名字也因此而来。为了避免从游客视野中消失的惨淡命运，旧城努力打造自己的特色。此地许多出名较早的老牌赌场酒店，比如金砖酒店（Golden Nugget）、四皇后酒店（Four Queens）依旧焕发着迷人风采，受到怀旧游客的追捧。如果真的能在金砖酒店看到金砖，你会不会因此对俗气大胆又别具风情的酒店产生好奇呢？

◆1995年底正式对外开放的"弗莱蒙街体验"（Fremont Street Experience）正式确立了旧城区与拉斯维加斯大道新城区的标志性区别。这段占地17.57万平方英尺，总共耗资7000万美元搭起的高近百英

尺顶棚式户外音效灯光秀，经过精心规划而成，使旧城区中心街道——弗莱蒙街这条见证了赌城历史的百年大道重新焕发出炫目光芒。为了重振旧城声威，人们在此极尽奢华之能，在天幕上使用了210万颗霓虹灯泡，并让这些灯泡随着音乐的起伏变幻组合出不同的主题景观。每一次短短的天幕秀必须耗费54万瓦电力，一年下来那将是一笔超过200万美元的巨大开销。其豪华程度可见一斑！整场天幕灯光秀将持续6分钟左右，天黑以后会在每个整点演出，而且一连几场的主题各不相同，如果你想看完整的话，估计得在这里仰头待上好几个小时。不用担心花费，天幕灯光秀是免费对公众开放的，游客想待多久都可以。不过，这不正是旧城区费尽心思想达到的目的吗？——尽可能地让每一位过路游客多逗留一会儿，为此他们摆出了各种新奇有趣但在拉斯维加斯大道上很难找到的小摊：从极具个性的纪念品到超大型瓶装饮料，从与肌肉发达的帅哥合影到替客人穿孔纹身……五花八门、无奇不有，不愧是这座"疯狂之城"的发源地。

◆焕发青春的拉斯维加斯老城区。

◆"弗莱蒙街体验"天幕秀。

FOR TICKETS & INFORMATION VISIT THE PHA
SHOWS NIGHTLY, DARK WEDNE

CIRCUS CIRCUS
HOTEL·CASINO

—USA TODAY
LIVE AT THE
NETIAN
Performances Nigh
1.800.BLUEMAN

Real Girls
not models
Direct to your Room 24

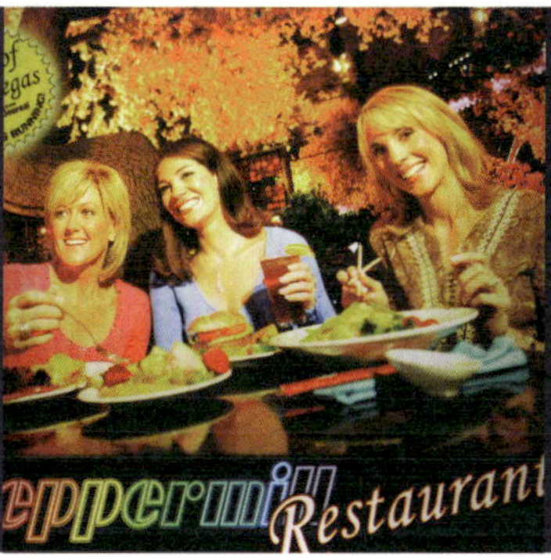
Restaurant

Celebrate
100 Years o
Vintage Vega
At Las Vegas'
Most Historic
Hotel & Casin

◆◆◆创世纪

◆2005 年 4 月 28 日，这不是什么特殊的日子，只是一年 365 天中的平淡一天。但对于拉斯维加斯而言，这一天非常特别，因为世界赌城之王迎来了它新世纪的第一座地标式建筑——拉斯维加斯永利大酒店（Wynn Las Vegas）。它的拥有者就是被称为“赌城之父”的史蒂夫·永利。

◆随着 28 日凌晨零时的钟声敲响，耗资 27 亿美元，历经 5 年时间建造而成的拉斯维加斯永利大酒店终于揭开神秘面纱。通体覆盖铜色玻璃幕墙的酒店造型简洁、线条灵动，犹如一面美人镜竖立在拉斯维加斯大道

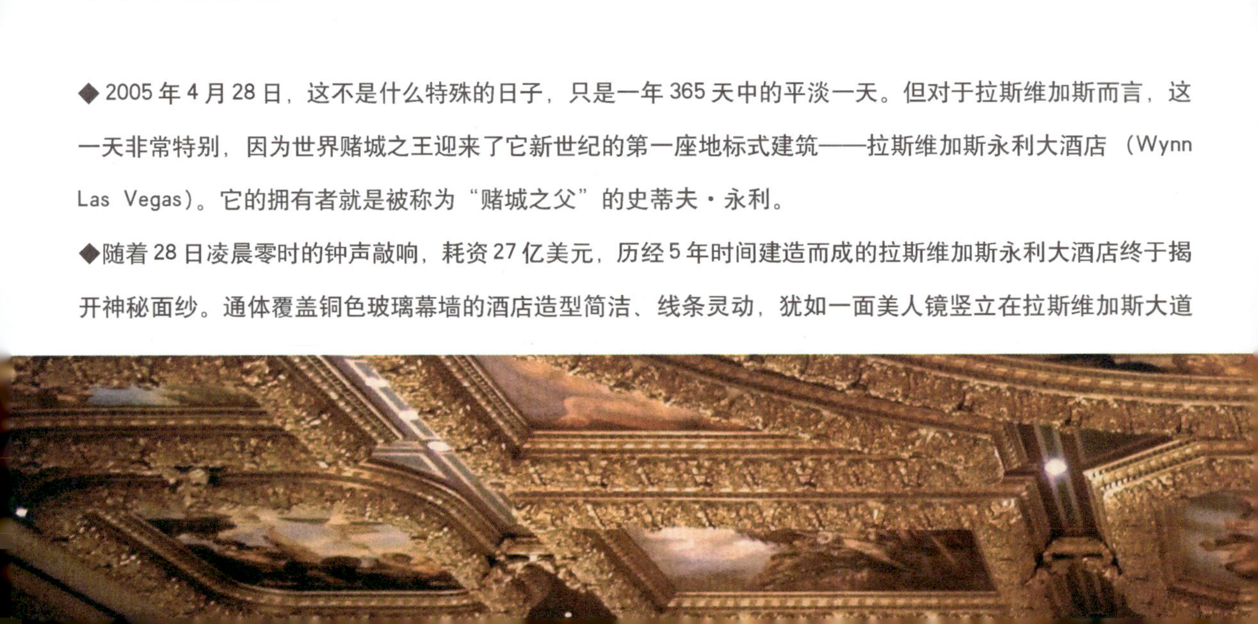

上，显得格外引人注目。

◆拉斯维加斯永利大酒店的开业再一次缔造了新神话，它本身不仅是世界上最奢华的博彩酒店，也是赌城里最新、最高、最具传奇色彩的建筑，从此掀开拉斯维加斯建筑史上的新篇章。

◆据说，酒店开业当天，虽然已是深夜时分，仍有大批人潮涌来，怀着热烈期盼的心情在酒店门前排起长龙，只为了在第一时间一睹酒店真容，日后可成为向人炫耀的谈资。人们感兴趣的不仅仅是这超级豪华酒店，更是对“赌城之父”的又一次大手笔充满好奇和期待。史蒂夫・永利善于为人们制造梦想，其实他本身就是一个爱做梦的人，从小就是……

“我想在沙漠里盖一座巨大的、会跳舞的音乐喷泉！”

◆“我想在沙漠里盖一座巨大的、会跳舞的音乐喷泉！”任何人听到这个异想天开的想法，估计都会一笑了之吧。但是，有一个人却怀揣着这个梦想，一直坚持到将它变为现实为止！这个人就是史蒂夫·永利。

◆史蒂夫·永利1942年出生于美国东北部的博彩业世家，他的父亲在当地经营赌场事业，在史蒂夫·永利即将大学毕业前不久去世。当时正在宾夕法尼亚大学学习文化人类学的史蒂夫·永利最终选择继承父亲的事业，从马里兰开始了事业的起步。

◆1967年，史蒂夫·永利和妻子不顾亲友的劝阻，开始闯荡拉斯维加斯。当时的拉斯维加斯正处于刚刚起步的阶段，风云大亨霍华德·休斯刚买下城中规模较大的沙漠饭店（Desert Inn），开始涉足赌城事业，两代赌城风云人物就在两条平行线上开始了各自的赌城人生。

◆初入拉斯维加斯，永利从普通的赌场经理做起。不久之后，他幸运地结识了生命中的“贵人”——银行家托马斯。在其指点之下，永利于1971年和霍华德·休斯做了一笔成功的土地转让买卖，从中获得巨额利润，获得了人生的第一桶金。也是从此时开始，史蒂夫·永利的人生事业正式起步，从此顺风顺水，令人惊叹。首先他看中了老牌的金砖酒店，这是一家由作风老派的保守人士主管的博彩酒店，不免在管理环节中出现许多弊端。接管酒店以后，史蒂夫·永利就开始了大刀阔斧的整顿和改革，使得酒店的面貌焕然一新，盈利也持续快速增长。金砖酒店至今仍在营业，它坐落于拉斯维加斯旧城繁华的弗莱蒙大街，酒店中最引人注目的就是那块供展示用的重达61磅的天然金块。

◆从金砖酒店开始，史蒂夫·永利所接手的生意几乎没有不盈利的，这一成就在拉斯维加斯堪称奇迹。永利的名声也开始不胫而走。

◆20世纪80年代，史蒂夫·永利频频在拉斯维加斯的电视节目上亮相，特别是在当时的知名大众偶像弗兰克·辛纳屈（Frank Sinatra）的节目中出现，使得人们迅速记住了这张脸。两位赌城的强者看到了其中利润，于是强强联手——弗兰克·辛纳屈与史蒂夫·永利签订合约，现身金砖酒店表演……当时的轰动可想而知。

◆1989年，史蒂夫·永利创造出了其赌城生涯的第一件巅峰之作——金殿大酒店。金殿大酒店的造价是6.3亿美元，创下了当年拉斯维加斯建筑投资的最高纪录。永利为金殿酒店建造了一座“瀑布”、一片室内热带雨林、一座每小时喷发一次的“火山”，并带来了活生生的白老虎和海豚。豪华的客房装修设计以及一流的购物环境和餐饮设施，附以优质的服务，金殿大酒店在瞬间成为当时日渐衰老的赌城的

◆永利旗下的沙漠酒店、金砖酒店、金殿酒店和百乐宫酒店。

一大奇景，在短短一个季度的时间里盈利 4400 万美元，并且在周围酒店营业额大幅下降的同年获得了 18% 的高额增长率。根据最初的预算，金殿大酒店必须每天收入 100 万美元，才能够在 7 年内顺利还清贷款，但酒店最后实际只用了 18 个月就还清了全部贷款。人们为之疯狂，拉斯维加斯也受史蒂夫 · 永利这位异想天开的博彩酒店经营者的启发，找到了城市发展的全新方向。

◆从那以后，人们开始纷纷仿效金殿酒店的创意，建造起一座座集博彩、娱乐、休闲于一体的主题酒店。于是，今天的拉斯维加斯大道上就有了现在

"万国博览"式的精彩聚会。金字塔、童话城堡、热带雨林、古罗马宫殿……这哪里还是一座充满贪欲和铜臭的赌城？分明成了天真烂漫的孩童梦境！就这样，拉斯维加斯从一座荒芜杂乱的沙漠小镇真正晋身为世界知名的娱乐之都，并跃居全球四大赌城之首，从此进入其高速发展的鼎盛时期。不可否认，拉斯维加斯历史上迄今为止的最大繁荣局面可以说是由史蒂夫 · 永利一手推动的，因为他的奇思妙想吸引了全世界各地的游客蜂拥而至，不仅为赌博，也为了来这里游戏。一个孩子当年天真荒诞的梦想正在逐渐变为现实……

◆正当旁人忙着追赶史蒂夫 · 永利的时候，永利仍在为实现自己童年的最大梦想而努力——那个在沙漠中跳舞的大喷泉，那个孩子临睡前的无忌童言。很多

年过去了，没有人把它当真，但史蒂夫 · 永利却真真实实地把这个梦想寄存于心底深处，当有机会实现的时候，记忆之锁随之被打开。

◆于是，百乐宫大酒店的出现便是一桩顺理成章之事了。史蒂夫 · 永利在开工时曾狂妄地对所有人承诺"它将是地球上有史以来最最奢华的一座酒店"。1998 年，百乐宫大酒店开业，门口那座水柱高达 49 米的音乐喷泉和史蒂夫 · 永利童年时的幻想一模一样，更别提那全部铺设高档大理石地面的酒店大堂和采用 2000 多个由名家设计的玻璃花瓶做装饰的宏伟天花板吊顶了。

◆史蒂夫 · 永利没有食言，人们没有失望，百乐宫大酒店的确是拉斯维加斯大道上前所未见的奢华象征。除了高档奢华的装潢设计以外，史蒂夫 · 永利还把自己所钟爱的私人收藏——价值高达 4 亿美元的 19、20 世纪艺术收藏塞满了整座酒店！史蒂夫 · 永利的自信不是凭空而来的，百乐宫大酒店至今仍是拉斯维加斯大道上最奢华最赚钱的酒店之一，光是那些令行家眼红的收藏品就足以使这家酒店再被人追捧几十年了！于是，又一次，史蒂夫 · 永利的酒店作品在拉斯维加斯引起了地震式的连锁效应。

BALLYS

BALLYS

BALLYS

BALLYS

“拉斯维加斯已经成熟到不需要再模仿他人了！”

◆时间不会停下脚步让人们去感叹或流连，但史蒂夫·永利的思绪转动显然比时间流逝还要快。人们的赞叹声浪还未完全退去，2000年，永利以当年造价的10倍将自己开创性的作品金殿大酒店卖给了米高梅集团的大股东柯克·克科里安，转而买下拉斯维加斯大道上另一家极具传奇色彩、具有50年历史的沙漠饭店（Desert Inn），不过他买下沙漠饭店并不是为了继续持有，而是为了……炸毁它！是的，2001年10月，永利毫不心疼地使沙漠饭店化为乌有，消失于拉斯维加斯历史的烟尘中，因为他有了一个更绝妙的主意，一个更出色的想法。之前他的所有作品加起来也未能让他满足，他要在赌城的拉斯维加斯大道上建立起一座能够被这座城市、被全世界人、被历史铭记的传世之作。这座酒店不仅要最大、最高、最豪华，同时也要能代表拉斯维加斯乃至美国西南部本土特色的个性酒店，“拉斯维加斯已经成熟到不需要再以模仿示人了，它应该拥有一座能够被别人仿效的作品。”永利如是描述着自己的新作品。于是就有了本文开头所介绍的拉斯维加斯永利大酒店，显然酒店的主人是想和他的得意之作一起被载入史册。

◆史蒂夫·永利不愧为“拉斯维加斯之父”，美国《时代》周刊曾将他称为“拉斯维加斯的开山鼻祖”，还有杂志评价他是“拉斯维加斯最有权力的人”。无论恰当与否，在当代美国人尤其是拉斯维加斯人眼中，史蒂夫·永利和他的妻子可以称得上是“拉斯维加斯的国王和王后”。他在商业上从未失手的傲人战绩让人瞠目，简直是一部“印钞机”，甚至

◆被《时代》周刊誉为“拉斯维加斯的开山鼻祖”的史蒂夫·永利。

有人打比方说："史蒂夫·永利做生意就像艾萨克·史坦拉小提琴、雷诺阿画画一样，基本不存在什么风险。"永利集团的大股东之一罗恩·巴伦也曾说过："永利是拉斯维加斯的缔造者，他赚钱不眨眼，好像不费吹灰之力。"由于家族遗传，史蒂夫·永利患上了一种叫色素性视网膜炎的眼疾，双目几近失明，但是他在生意上的眼光却为人称道。

◆作为赌城的风云人物，永利身上发生的每一件细小故事都为人们所津津乐道。据传，他的一位副总裁曾与纽约的黑社会头目秘密勾结，绑架了史蒂夫·永利的小女儿。永利在两小时内支付了145万美元的巨额赎金，最终成功救回女儿（绑架者最后被捕入狱）。这段人生插曲后来被好莱坞影片"Casino"借用成为故事情节。

◆另外，史蒂夫·永利喜爱收藏艺术品是出了名的。其中，著名画家毕加索的名作《梦》就被其收入囊中。本来他已成功地以1.39亿美元的价格卖出这幅画，没想到却在交易谈成的10个小时后因为自己的一个疏忽，在画的重要位置用手肘撞出了一个大洞。原可轻松获利6000万美元的永利只能眼睁睁地看着巨额利润溜走。而他那损毁画作的失误一肘也被称为"史上最昂贵的一肘"。对于这次的损失，史蒂夫·永利大方地接受，并准备修复后妥善保留这幅画作。

◆这些故事让人们看到了赌城大亨不为人知的一面，而史蒂夫·永利乐观开朗的个性也由此展露无遗。也

因此，在拉斯维加斯永利大酒店的洛杉矶新闻发布会上，永利会这样为新酒店的9500名雇员加油鼓劲："不要担心犯错或亏钱，因为要建造新酒店，这样的事根本无法避免。"他对雇员的要求非常简单，就是做好一件事——让所有来到此地的客人开心、尽兴，因为酒店的前途"不在于我们，而在于他们（客人）"。顾客至上、服务至上，这可能就是十多年来，史蒂夫·永利永远能站在不败巅峰的秘诀之一吧？

◆史蒂夫·永利的新作的确气度不凡，拉斯维加斯永利大酒店占地217英亩，共有2700个房间（未包括尚在建设中的酒店二期），18个餐馆，2个剧院，2个舞厅，1960台吃角子老虎机，一个18洞的高尔夫球场，5个游泳池，一个占地近4万平方英尺的温泉健身中心，一家收藏

◆永利是一位狂热的艺术品收藏者，在各种高端拍卖会上经常能看到他的身影。

◆永利酒店内外景。

珍品的博物馆，31 家名牌专卖店，一家代理法拉利和玛莎拉蒂跑车的专卖店，一座人造山，一个人工湖，多个大花园和 2 所教堂。拉斯维加斯永利大酒店耗资 27 亿美元，比美国政府 2006 年全年投入预防艾滋病计划的基金还要多出 3 亿美元。

◆不仅投入巨大，在设计酒店时，史蒂夫·永利也充分考虑了与环境结合的问题。比如为了更好地利用沙漠谷地里的充沛阳光，酒店被设计成朝着同一方向建造，所有房间没有正面和拐角之分，阳光能尽可能多地照射进去，营造出一种通透爽朗的氛围。此外，酒店的 18 间风味各异的餐厅全部由荣获美国明星厨师称号的大厨掌勺，特别值得一提的是，这其中包括一家中餐厅，名字就叫做“永利”(Wing Lei 由粤语念来就是永利的意思，相信能受到众多赌客的欢迎)。这家餐厅的每一处细节都散发出纯正的中国风味和中式奢华，菜品的设置由经过改良的广东菜、上海菜和部分四川菜组成，非常大气地将近年在西方大受欢迎的三大中餐派系都收入其中。餐厅从厨师到经理、从服务到接待大多是华裔人士，已经成为永利大酒店中不可缺少的一道风景线。

◆就是这样一家超级豪华和令人兴奋的全新酒店，凝结了“拉斯维加斯之父”的全部心血。当初，史蒂夫·永利曾花了整整一年时间在永利大酒店的原始建筑工地上来回走动，每当有新奇的点子跳入他的脑海，他便会顺手记下以备参考。他彻底打破了自己在 20 世纪 90 年代时所有建造酒店的套路，不再用装点门面的花哨手段吸引游客，比如百乐宫大酒店门口的巨型音乐喷泉、金银岛大酒店门口的海盗船和金殿大酒店门口的火山。永利这次完全反其道而行，将所有抓人眼球的东西比如瀑布、比如巨型屏幕和超炫商店统统藏到了人造假山的后面，只留给酒店的客人独享。这个曾经开创了拉斯维加斯奇观的赌城之王，在跨入新世纪后重新诠释了自己曾经为拉斯维加斯所下的定义——奢华，可以是一次热闹的公开炫耀，但它也完全可以是一次收敛的内心体验……

◆永利夫妇参加《时代》周刊颁奖礼。

◆“永利”(Wing Lei) 餐厅内景。

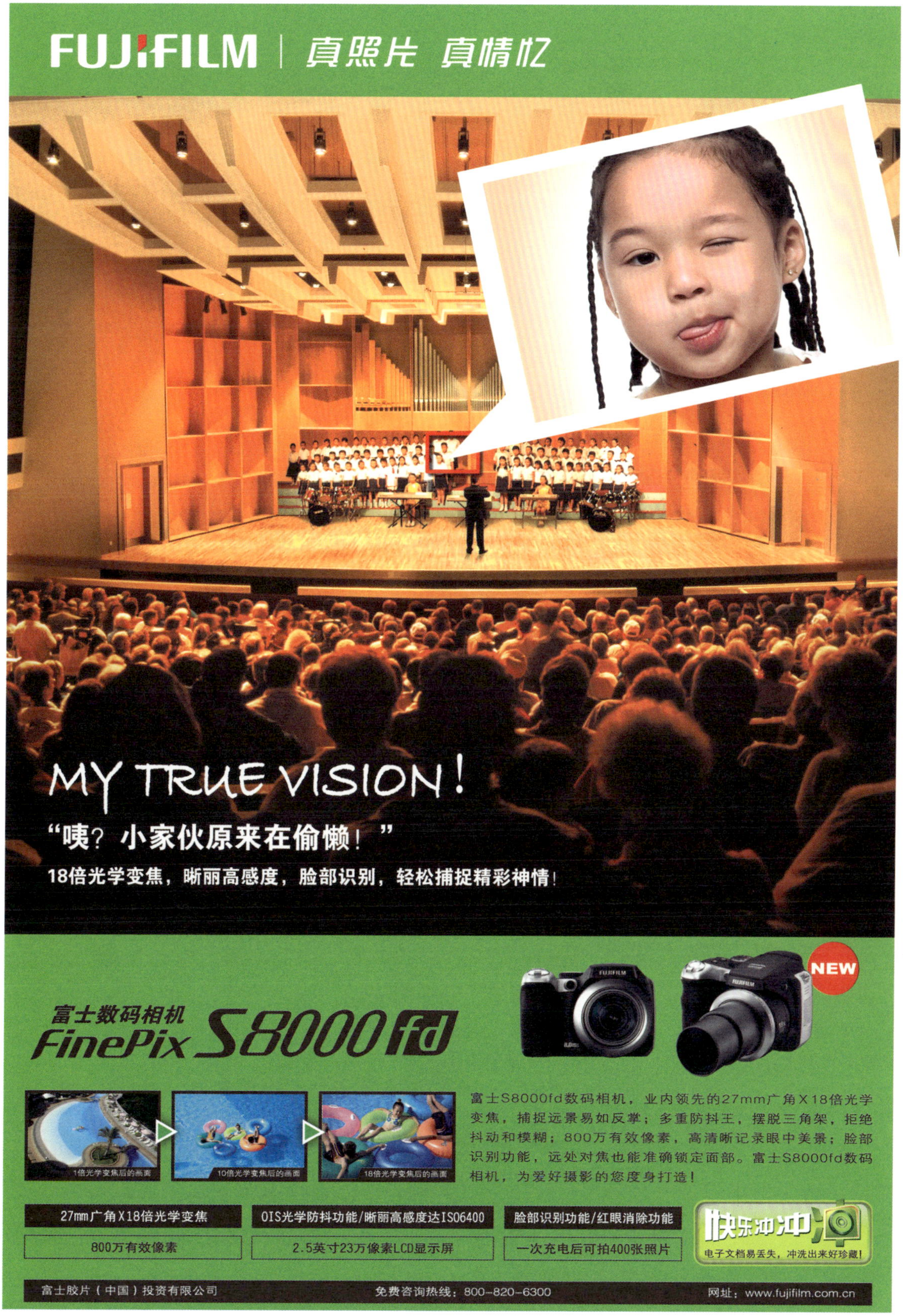
FUJIFILM
真照片 真情忆
MY TRUE VISION!
"咦？小家伙原来在偷懒！"
18倍光学变焦，晰丽高感度，脸部识别，轻松捕捉精彩神情！
NEW
富士数码相机
FinePix S8000fd
1倍光学变焦后的画面
10倍光学变焦后的画面
18倍光学变焦后的画面
富士S8000fd数码相机，业内领先的27mm广角X18倍光学变焦，捕捉远景易如反掌；多重防抖王，摆脱三角架，拒绝抖动和模糊；800万有效像素，高清晰记录眼中美景；脸部识别功能，远处对焦也能准确锁定面部。富士S8000fd数码相机，为爱好摄影的您度身打造！
27mm广角X18倍光学变焦
OIS光学防抖功能/晰丽高感度达ISO6400
脸部识别功能/红眼消除功能
800万有效像素
2.5英寸23万像素LCD显示屏
一次充电后可拍400张照片
快乐冲冲
电子文档易丢失，冲洗出来好珍藏！
富士胶片（中国）投资有限公司
免费咨询热线：800-820-6300
网址：www.fujifilm.com.cn

◆永利酒店内人造假山前的水幕声光秀。

MULTI POKER

STRI
POKE

COME
PASS LINE
COME
PASS LINE

CAR

Corsa

◆◆◆列王纪

◆依依不舍地从拉斯维加斯一夜繁华的梦中醒来，相信这里的每一位客人都和你我一样——以最大的意志力说服自己离开舒适的大床，不知今朝何日。

◆打开厚重的窗帘，雀跃的沙漠阳光便如洪涌入，一股脑儿冲走犹赖着不走的颓废奢靡。巨幅落地窗外的拉斯维加斯像一幅金粉装饰画，依旧不遗余力晕眩着游人的眼。

◆白天的拉斯维加斯同样令人兴奋，拉斯维加斯大道上的每一座酒店都一览无遗地展示于你眼前，褪去夜的浓妆艳抹，拉斯维加斯意外地多了一份亲切感。这是一座当之无愧的奇迹之城，不仅仅因为它曲折离奇的身世来历和这些令人眼花缭乱的奇迹建筑，更因为那些创造这一切的人们。

◆是谁有这样的才能，将一座原本只可能出现于梦境的城市变成了现实？难道真有上帝创世，于虚无中点化一切？细数赌城风流人物，他们虽不是上帝，但也一定是上帝眷顾的幸运之人。

◆第一个能被称为“拉斯维加斯先生”的人应该是罗伯特·格里菲斯（Robert Griffith）。让我们把拉斯维加斯的时钟倒拨回20世纪初，那时候的赌城还不成气候：道路凌乱、人烟稀少。格里菲斯在如今拉斯维加斯旧城中心，弗莱蒙大街的西南角，也就是后来的金砖大酒店所在地安居落户了。26岁时，格里菲斯被派往指挥拉斯维加斯机场的筹建工作。1925年4月17日，拉斯维加斯这座沙漠之城历史上的第一条飞机跑道在今天大约撒哈拉沙漠大道和天堂大道之间的位置建成了。从此以后，游客们无视沙漠阻隔，由飞机装载着源源不断地涌入拉斯维加斯。

◆如果说“拉斯维加斯先生”格里菲斯与赌城的诞生紧密相连的话，那么后来的第一和第二任“拉斯维加斯国王”弗兰克·辛纳屈（Frank Sinatra）和猫王（Elvis）以及隐居的“赌城之王”、当时美国最富有的男人霍华德·休斯（Howard Hughes）则与拉斯维加斯的崛起有着千丝万缕的关系。可以毫不夸张地说，是他们三个人将举世瞩目的耀眼光辉留在这里，使它闪耀，并由此创造出独一无二的城市气质。

鼠帮

◆弗兰克·辛纳屈，无论这个名字是否在拉斯维加斯出现，它都是个不会被遗忘的名字。如果你知道《十一罗汉》这部电影，那么告诉你弗兰克·辛纳屈就是1960年第一版《十一罗汉》的男主角；如果你知道当年非常红火的第一部真人与动画合拍电影《谁陷害了兔子罗杰》，那么告诉你其中的人物主角就是弗兰克·辛纳屈；如果你还恰巧知道《My Way》这首歌（比如，看过日本导演岩井俊二的《燕尾蝶》），那么告诉你电影中反复出现的那首爵士老歌的原唱就是弗兰克·辛纳屈……辛纳屈就是这样一个在20世纪30至60年代红遍美国的演艺界全才，唱歌、演戏、当老板样样精通——他曾两次获得奥斯卡金像奖，他获得过格莱美的各种流行音乐大奖，并在50岁那年早早地获得了格莱美终身成就奖，被公认为20世纪美国最成功的艺人。单是看他在黑人歌手唱主角的美国爵士乐界能挣得一片天，就知道弗兰克·辛纳屈绝非等闲之辈。正是他开创性地将沙发音乐带入拉斯维加斯，并为赌城带来了如潮人流和庞大收入，而这一切仅仅是因为他在当时天皇巨星式的强大号召力。"他是真正有资格被称为拉斯维加斯国王的人，从他步入这座城市的那一刻起，毫无悬念的，钱已经开始在那里堆积了。所有人，包括那些名流富人也甘愿千里迢迢来到拉斯维加斯，只为了看他一眼。"目睹当年盛况的人如是回忆道。

◆当年，以弗兰克·辛纳屈为中心的"鼠帮"乐团在一次玩笑间成立，这群音乐"顽童"在拉斯维加斯这片舞台随性而为，想唱歌时就安排一两场表演，唱倦了就聚在一起商议拍电影。每当他们的表演被排上拉斯维加斯的日程表，那么表演当天前后，你绝对别想在赌城再找到一件空房！根据数据统计，那个时候，

"鼠帮"的热门演出至少能为赌城一周的总营业收入增加2000万到3000万美元！可惜的是，"鼠帮"只是一个一时性起组成的表演团体，他们从未录制过任何专辑、出过单曲，甚至没有正式的现场录音。对于今天的乐迷而言，这是一个非常大的损失。关于拉斯维加斯在黄金年代的崛起记忆很快将随着那金子般的声音一起消失在历史的长河里……

◆肯尼迪的密友辛纳屈。

猫王

◆相比弗兰克·辛纳屈，1956 年猫王在拉斯维加斯的第一次登台并不成功。猫王，原名埃尔维斯·普雷斯利（Elvis Presley）。那年，他年仅 21 岁，被人评价为“无法打动观众的自动唱歌机器”、“香槟酒会上的一扎玉米汁”……当时在场的所有人肯定无法想象，13 年后，这个当时未给人留下任何印象的害羞小伙子将被拉斯维加斯人以最高规格迎接回来。1960 年，为了庆祝已经在演艺界崭露头角的猫

王退伍，拉斯维加斯的第一任“国王”弗兰克·辛纳屈亲自主持了一个特别的电视节目秀，叫做“欢迎回家”，在那次节目上，弗兰克·辛纳屈和猫王互相演唱对方的歌曲，赌城的两代“国王”于是历史性地会面了。1969 年 7 月 31 日，猫王在拉斯维加斯举办了一场回归秀。那天晚上，整座城市被各界名流、高层官员和媒体记者以及那些甘愿为偶像付出高额住宿、门票费用的疯狂歌迷挤得水泄不通。他们正在亲身见证拉斯维加斯第二任“国王”的隆重登基！

◆不过，猫王本身也是拉斯维加斯的重磅“粉丝”。猫王曾经心甘情愿地多次自费前往赌城游览；1967 年，更是把自己的结婚典礼都放在拉斯维加斯举办。这样就不难理解，他在事业的巅峰

期，仍愿意以每周 10 万美元的低价出席拉斯维加斯的演出，因为他喜欢这个地方。如今，拉斯维加斯的旧城区，因为保留了当年猫王表演过的舞台和休息过的房间而成为游客如织的“参观胜地”。一代“国王”盛名如此，绝对超乎所有人的想象。

BALLY'S

飞行大亨

◆因为有了这两位极具号召力的"国王"，拉斯维加斯从最初的沉寂、破败转而被大多数人所熟知，并且在这两位超级偶像的强大号召吸引之下，拉斯维加斯城市的品位与层次也提高了不少。但如此巨大的成就并未换来他们在赌城留名的优待，拉斯维加斯的路名千奇百怪，简单而直接，其中以人名来命名的却不多见。霍华德·休斯（Howard Hughes）路就是其中为数不多的另类之一。这条路位于赌城的中心区域，往来人潮涌过此处，这位风云人物的辉煌传奇也随之重演——

◆霍华德·休斯是美国第一位亿万富翁，是横跨航空、影视、酒店博彩业的巨子，更是一位性格执著的冒险家，被美国人视为一代传奇英雄。在第77届奥斯卡金像奖上独揽11项最佳提名的电影《飞行家》（Aviator）就专门记述了关于霍华德·休斯的生平传奇。他生于大富之家，可以说是含着金汤匙出生，这样的家庭环境造就了霍华德·休斯坚持自我、不达目的誓不罢休的性格。这样的个性促使他在所涉足的领域连连制造奇迹，为后世留下许多令人瞠目的"纪录"。

◆20多岁的时候，霍华德·休斯开始投资拍电影，1926年，他已经收购了125家戏院的控制权，开始他的制片和导演事业。他投资的第二部作品《阿拉伯之夜》就获得了巨大的成功——排名全美第一的剧院提出了史无前例的长期放映要求；这部作品还获得了第二届奥斯卡金项奖最佳喜剧片奖。1930年，休斯毅然砸下数百万美元拍摄著名的实景空战史诗电影《地狱天使》（Hell′s Angels）。为了拍这部电影，仅飞机使用费就花了210万美元，摄影师人数之众几乎占好莱坞摄影师总数的一半。美国电影界为之震动。为了在

◆美国第一位亿万富翁霍华德·休斯。

◆霍华德·休斯在电影《地狱天使》的拍摄现场。

◆迪卡普里奥版本的霍华德·休斯。

片中表现出真实刺激的现场感，霍华德·休斯毫不在乎地让代价高昂的老爷战机被击落、在空中爆炸。他设计了一系列危险系数极高的飞行动作，没有一个飞行员愿意冒险完成。结果，霍华德·休斯亲自上阵，事故果然发生了，但霍华德·休斯奇迹般地仅受了些轻伤。片子在1930年5月完成，总共花费了400万美元，拍摄耗费了300万英尺的胶卷，剪辑后真正使用的却只占其中的1%，巨大手笔令人惊叹。影片上映后，虽然影评不佳，却受到了观众的热烈追捧，一举打破所有先前的上映纪录，之后在世界各地持续上演达20年之久！霍华德·休斯后来还制作过许多脍炙人口的电影，如《疤面煞星》(Scar face)、《亡命之徒》(The Outlaw)等，成为名副其实的影业大亨。

◆霍华德·休斯痴迷于飞行是众所周知的事，30岁的时候，他独自驾驶飞机打破了短程飞行时速的世界纪录。4年后，他又奇迹般地创造了环球飞行的最短时间纪录。这一年，霍华德·休斯入主当时非常不景气的环球航空公司，并率先推出横越大西洋的飞机航线，从此又在民用航空领域开始“独霸”局面，风光数十年。霍华德·休斯不仅驾驶飞机也参与设计和制造飞机，正是他天真大胆的想法促成了当代巨型客机的问世。在美国乃至全世界，休斯还是航空航天领域的先导，其旗下公司对卫星技术做出了重大贡献，为人造卫星带来了革命性影响。1966年6月，美利坚合众国的无人太空船首次登上月球，引起全世界瞩目。这只太空船的制造者不是别人，正是休斯飞机制造公司。

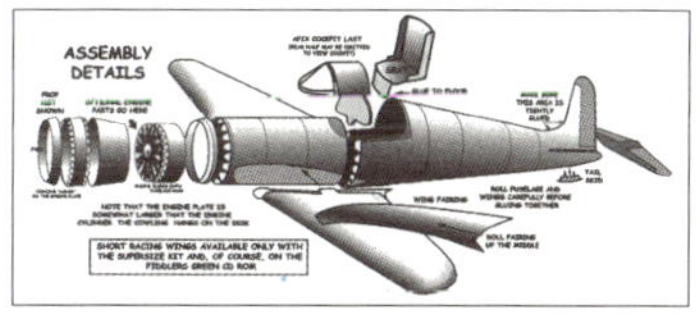

◆休斯参与研发的飞机。

◆比起这些，霍华德·休斯的“赌城大亨”事业开

◆凯撒宫酒店内景。

EXOTIC

始得比较戏剧性。20 世纪 60 年代的时候，霍华德·休斯正被大量官司缠身。为了躲避烦难、保持隐私，他于 1966 年的感恩节搬进拉斯维加斯的沙漠饭店，并包下了沙漠饭店的两层顶楼。当时，饭店因为房间紧张，为了照顾在此消费巨资的客人，竟然“有眼不识富翁”，请霍华德·休斯迁出饭店以腾出房间。霍华德·休斯因为不想搬离，便认真考虑了买下该饭店的可能性。他派律师出面询问整个饭店价值多少，饭店不以为然，开玩笑似的虚报了一个双倍于实际价值的数目：1300 万美元。没想到霍华德·休斯竟然在第二天一毛不减地以这个价格买下了沙漠饭店！从此，霍华德·休斯正式介入拉斯维加斯的酒店博彩业，同时开创了集团公司掌控拉斯维加斯酒店的先例。

◆那以后，霍华德·休斯又陆续买下了 the Sands，the Frontier，the Castaway 以及 Silver Slipper。其中，买下 Silver Slipper 的理由十分可笑，只因为饭店不停闪烁的霓虹灯让正好住在对面的霍华德·休斯整夜不得安眠！

◆The Sands 酒店歇业时打出了大幅广告：感谢大家 44 年的关注。

◆Silver Slipper 酒店闪烁的霓虹灯使得霍华德·休斯整夜不得安眠，这成为了他买下这个酒店的理由。

◆当然，霍华德·休斯买下这些饭店并不仅仅只是一时的意气用事，他凭着成功商人和发明家的敏锐眼光，发现了当时还非常凌乱无序的拉斯维加斯存在无限潜力，可以为他带来巨大财富，甚至能使他因此而成为“拉斯维加斯之王”。他在自己的笔记中这样写道：“未来，我们必定能够在这里建造起独一无二的优良城市环境——没有烟尘、没有污染、高效率的政府职能部门和安居乐业的纳税人……” 霍华德·休斯在重金投入拉斯维加斯的同时，也为这城市勾勒出充满理想主义色彩的未来图景。今天，无论这图景是否实现，霍华德·休斯早已和崛起的拉斯维加斯一起被载入了史册。

◆拉斯维加斯的历史到霍华德·休斯这位性格独特的亿万富翁面前拐了个弯，风云大亨的介入，也为拉斯维加斯注入了新的活力。可以毫不夸张地说，正是因为有了霍华德·休斯的投入，拉斯维加斯才开始真正奠定其今天“世界赌城之王”的地位和声誉。其中，霍华德·休斯最初购买的沙漠饭店一直保持着高水准的经营档次。这家始建于1950年的饭店，是拉斯维加斯大道上的“元老级”酒店。在饭店50年的经营生涯中（1950—2000年），它的“水晶陈列室”(Crystal Showroom）几乎接待了全美所有当时的大牌明星。1960年版的电影《十一罗汉》就是以沙漠饭店作为主要故事发生地的，而人们最后一次在大屏幕上看到沙漠饭店的身影就是在成龙的好莱坞大作《尖峰时刻2》中了。

◆1997年，饭店曾斥资2亿美元扩张重建，但仍然难以拒绝命运的降临——2000年4月27日，拉斯维加斯的“后起之秀”、新一代的“赌城之父”史蒂夫·永利以2.7亿美元的价格买下了50大寿的沙漠酒店，曾经见证无数辉煌时刻的酒店正式退出历史舞台。在它50周年的隆重庆典上，拉斯维加斯所有的名流纷纷到场庆贺，人们在饭店地下封存了一个“时光盒”，这个盒子计划将在下一个50年后的2050年打开。一场高尔夫名人赛在沙漠饭店的18洞高尔夫球场举行，现在这个高尔夫球场已成为Wynn Las Vegas产业的一部分，至今仍持续经营。

◆沙漠饭店是一个神奇的标志性存在，它见证了拉斯维加斯城市历史上两个辉煌时代的交替更迭——霍华德·休斯时代和史蒂夫·永利时代。这两位巨子前者奠定了拉斯维加斯作为世界“赌城之王”的地位，而后者则全面带领拉斯维加斯进入娱乐化时代，重振赌城威望。1967年，当霍华德·休斯买下沙漠饭店入主拉斯维加斯的时候，史蒂夫·永利只是一个刚刚来到拉斯维加斯寻找机会的无名小卒；而正是这个“无名小卒”在跨入21世纪之时买下了沙漠饭店，且价格是当初霍华德·休斯购买时的20倍不止！2001年10月23日深夜，一声巨响之中，沙漠饭店顷刻化为乌有。一个逐渐远去的时代在尘土飞扬中转身告别，拉斯维加斯迎来了新一代的传奇人物，被称为“赌城之父”的史蒂夫·永利。

◆沙漠饭店是各种电影的热门场景。

◆《时代周刊》的封面人物：霍华德·休斯。

◆威尼斯人酒店内外景。

霓虹灯下的莎士比亚

◆纵观拉斯维加斯崛起的历史，一个个强有力的男性形象构成了这座城市的轮廓。但我们不能忽视的是，在那片耀目灿烂的霓虹海洋底下，女性的力量和作用被冲散去了哪里？

◆作为声名显赫的“罪恶之城”，女性和女性的身体无疑是这座城市仅次于老虎机的符号。拉斯维加斯到处贩售着欲望。在这儿，有种夸大的说法，女人在拉斯维加斯工作，要么铺床，要么躺在床上……女人能为拉斯维加斯做些什么呢？难道除了“拉斯维加斯国王”就不能有“拉斯维加斯皇后”吗？有的，至少我们找到了这么一位，她的名字叫简·琼斯（Jan L. Jones）。

◆作为拉斯维加斯革新的重要推动力之一，简·琼斯是拉斯维加斯历史上第一位，迄今为止也是惟一一位女性市长。从1991至1999年，在她的两届任期里，拉斯维加斯发生了许多关键性转变。对于见惯大场面的赌城来说，简·琼斯绝对算是一位风云人物，而她本人的经历听起来也十分富有传奇色彩。

◆简·琼斯，1949年出生于美国洛杉矶。她的父母经营着一家超级市场。1971年，简·琼斯从美国著名的斯坦福大学毕业，她当时学习的专业是英国文学，不知道拉斯维加斯有哪些方面体现出优雅的文学气质，总之这位有着聪明头脑、迷人外表和优雅气质的女子在大学毕业后出人意料地选择前往拉斯维加斯发展，一个与她的家庭背景和学习专业几乎是风马牛不相及的地方。

◆接下来的10年中，简·琼斯开始成为拉斯维加斯家喻户晓的人物，这在明星、名流扎堆，有太多新奇事物分散人们注意力的赌城可算是非常难得的了。开始的时候，简·琼斯频频在当地电视台亮相，为某个连锁超市做形象宣传；过了一段时间，人们仍能在电视上看到她，只是她已经从连锁超市代言换成了替一家汽车经销商做广告。毫无疑问，她是特别的，她在拉斯维加斯从事的工作也与众不同，由于女性在赌城扮演的角色常常被人误解，以至于，从拉斯维加斯奋斗发展起来的女人都被人用戴着有色眼镜的

◆在拉斯维加斯有种夸大的说法，女人在这儿工作，要么铺床，要么躺在床上……

目光对待，简·琼斯也不例外。1991年，当她获胜当选拉斯维加斯市市长一职的时候，人们开始好奇地挖掘这位拉斯维加斯历史上首任女市长的过往经历，不久便有了简·琼斯曾经当过脱衣舞娘的传闻出现。这给简·琼斯本来已十分传奇的经历更增添了几分神秘色彩。简·琼斯到底有没有做过脱衣舞娘？她是怎么从位于拉斯维加斯社会底层的一位脱衣舞娘摇身一变成为一市之长的？一时间，各种猜测和传言纷纷而起，充满好奇与误解的问题也随之而来。对此，拉斯维加斯的首任“皇后”只笑不答，既不做肯定回答，也不否认任何的猜测传闻。或许，在她看来，脱衣舞女也好，女市长也好，在拉斯维加斯只有职业之分，没有贵贱区别，只要一个人的存在的确为推动这个城市的变化起到了决定性的作用，那么谁都可能成为万众瞩目的世界之城拉斯维加斯的“国王”和“皇后”！

◆拥有聪明头脑、迷人外表、优雅气质以及斯坦福大学学位的赌城市长简·琼斯。

◆所以，简·琼斯做到了，她之所以有资格被称为拉斯维加斯的“皇后”，并不是因为她曾当选这座城市的市长一职，而是因为在她8年的任期里，她的一系列举措成功地为拉斯维加斯吸引来4500万家庭游客，“你不得不承认孩子们的力量，虽然拉斯维加斯从未对孩子产生兴趣，但只要一家大小共同来到这里，我们就应该为他们考虑些什么，然后我们的付出势必换来更多的游客。”

◆如今，拉斯维加斯已不仅仅是世界知名的博彩之都，它已经在往更多样、更健全的世界娱乐之都转变。一座曾经线条冷硬的男性化城市，在有了女性意识的注入之后，开始逐渐显现出柔和的姿态。这就是拉斯维加斯“皇后”简·琼斯为这座城市所带来的积极影响，虽然如今她已卸任市长一职，并转投英国博彩公司黑乐（Harrah’s），但是毫无疑问，拉斯维加斯将带着这位成功女性的烙印踏入21世纪。

◆回顾过去，拉斯维加斯就如一件泥塑作品，在一代又一代的掌舵者手中逐渐烧制成今天的模样。它是否最终定形了呢？让我们拭目以待吧，相信奇迹之城仍会不断带给世人更多的惊喜……

eat
pray

SECURITY

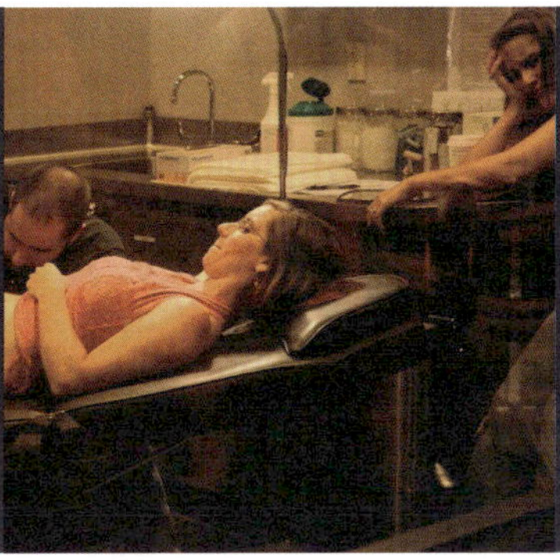
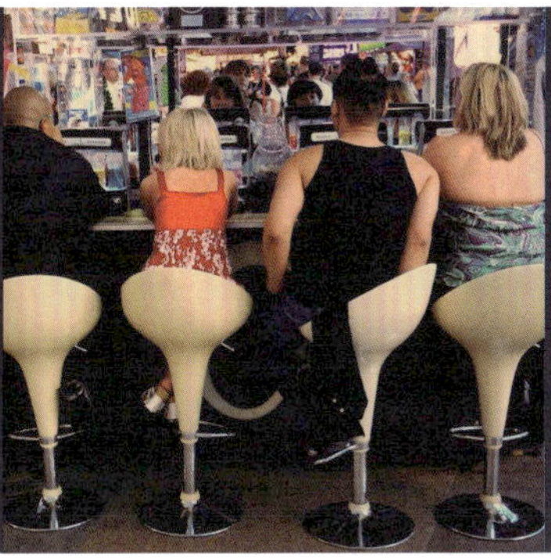

San Francisco

旧金山▲感官世界

▲“旧金山是我最喜欢的城市之一，我几乎可以把它排在心目中的第一名，它不大，却充满了镜头感，绝不缺乏精致微妙的细节与层次，你永远不必担心找不到一个陌生又趣味盎然的角度，去体味，去欣赏。”（李安）

▲“如果你还活着，旧金山会让你生机勃发；如果你已经死去，旧金山将带你浴火重生。”（威廉·萨拉扬）

▲“这真是一件奇妙的事情，每一个失踪的人都据称曾在旧金山出现。那必是一座天使之城，令人心生欢喜。”（奥斯卡·王尔德）

▲旧金山需要慢慢去看，去听，去闻，去尝，去触摸，去回忆甚至去幻想。松弛、自由、开放、包容，这座城市将打开你闭塞的感官，释放你枯萎的灵魂。

▲去旧金山吧，别忘了戴朵花，把心留下。

▲▲▲三个男人的咒语

▲印象中的旧金山，随着日益频繁的接触，已经被渐渐磨旧了颜色，变得模糊不清了。坐在飞往旧金山的飞机上，我仿佛得了失忆症，怎么也想不起第一次前往时是怎样的兴奋模样？是否和现在身边的这些观光客们一样呢？如今的我，只能感到严重的挫败无力，光是想到要和叽叽喳喳、兴奋异常的观光客们关在同一个密闭空间里十几个小时就让我觉得头晕。唉，谁叫旧金山是这个世界上最受欢迎的旅游目的地之一呢？

▲为了避免和邻座讨论诸如泛美金字塔有多高，或者在哪里可以买到便宜的Levi's牛仔裤这样的愚蠢问题，我从上飞机开始就戴着眼罩准备睡觉。我并不担心自己会睡过头，因为我知道每次在飞机着陆前都会准时地响起这样的惊叹："快看！金门大桥！"可能这就是一名观光客所能知道的旧金山的全部了吧？这样的惊叹就好像在宣告他即将降临美利坚合众国。可以想象，其伟大意义丝毫不亚于当年西班牙人发现旧金山。不过可惜的是，他们当时看到的，其实并不是金门大桥，而是横跨金门海湾的另一座海湾大桥（Bay Bridge）。

▲"瞧，这就是观光客，旧金山还能有什么值得流连的呢？"这是我在陷入沉睡前的最后一个念头……一个需要被好好思索的念头。

▲"你好，我是旧金山。"

▲一个低沉悦耳的声音将我唤醒，只是所说的内容让我摸不着头脑。

▲"你真的确定已经了解旧金山的全部了吗？为什么

会流露出如此不屑的念头呢？”

▲我吓得差点从椅子上跳了起来，真的是旧金山在和我说话？眼前一片黑暗，否则我真想好好看清旧金山到底长什么模样。

▲“不，不，不用急着看清我的模样。那也不是只靠眼睛就能看得清楚明白的。如果你真感兴趣，那么我建议，请不要单凭眼睛去观察和判断旧金山的一切。”

▲不用眼睛，还怎么观察呢？我往来旧金山那么多次，自认该玩该看的都照着旅游指南一一浏览过了，要了解一个城市也不过如此了吧？

▲“那么你就错了！浮光掠影、走马观花式的浏览根本无法看到真正的旧金山。这也是为什么你会如此快速地对它感到厌倦的原因。要想领略真正精彩的旧金山，不仅是用眼睛观察，还要调动你全身的各项感官——眼、耳、口、鼻、心，去看、去听、去品、去闻、去想象……旧金山之美，蕴藏于感官之间、更需要你敞开心扉，以耐心和包容，去聆听属于旧金山最真实的声音。”

▲嗯，听起来很有意思，但是我该如何展开新一次的旧金山之旅呢？总不能如那些毫无目的的观光客一样吧？

▲“我要先给你介绍几个人，他们都与旧金山有着很深的关系和渊源。通过他们，你将对新一次的旧金山之旅有一个初步的认识，也希望你能找到经历旧金山最好的方式。”

▲还未等我反应过来，三个着装打扮和气质天差地别的男人已经站到了面前。他们之间的差别是那样大，让人很难一下子联想到一起。但是，旧金山做到了，不仅是联想，而且是真真切切地将他们聚集到了一处，如此包容无碍，惟有旧金山。

▲第一位叫奥法莱尔（O′Farrell），是一名来自爱尔兰的勘测员。我也不是很清楚勘测员到底是做什么的，但是对O′Farrell这个名字倒是不陌生。因为我前几次来旧金山，就曾住在一条叫做O′Farrell的大街附近。这个男人骄傲地对我宣称，那条路就是以他的名字命名的，因为他奠定了今天旧金山的城市格局。1847年，他在地图上扩大了旧金山的城市面积，并在城市中间增加了一条重要的街道——就是今天旧金山鼎鼎大名的市场大街（Market Street）。

▲原来，市场大街就是这位老兄设计的，相信即使是初次游览旧金山的人也会对市场大街留下深刻的印象。因为它是旧金山有名的商业购物街，这里聚集着无数的名品商店和可以媲美金门湾的奔流人潮；更重要的是这条街道本身就很有特色——它很长，穿越了整个旧金山市中心；它很宽，足有三四十米；而且它的走向是斜的，这就导致，在这条长长的马路上，几乎每走几步就能碰到一个巨大的叉路口，三四条马路交汇于此，人们甚至没有办法在一个绿灯的有限时间内完整地跨越它，只能被尴尬地挤在来往车流中间进

▲奥法莱尔。

退不得。怪不得，每当人们试图穿越车流不息的市场大街时，总会情不自禁地念叨着：“噢！乏力啊！”原来这位老兄就是始作俑者啊！他竟然还振振有词地跟我说什么旧金山的城市设计格局是它的一大特色，建筑风格也十分独特，而且从历史上来说，旧金山这座城市一直和“建设”二字有着很深的关联，值得好好欣赏和深入探讨，最好能坐下来慢慢地看。

▲“旧金山需要你坐下来慢慢地看。”

▲第二个男人同样在我耳边轻轻重复这句话，仿佛在念一句咒语，一定要刻进你的心里才肯罢休。他说他叫萨姆·布兰南（Sam Brannan）。这个名字我没有听说过，但是这个人我却不得不敬佩。因为他说是他最早掀起了1848年旧金山的淘金热潮。

▲当金子在旧金山被发现时，最初并没有人相信这个传言。1848年5月的一天，布兰南手里举着装满金块的小瓶，穿街越巷，高喊着：“金子，金子，从美国河里淘到的金子。”他没有被当成疯子，反而使旧金山全

▲萨姆·布兰南。

城的人为之疯狂起来。布兰南自己也因此成为旧金山乃至整个加利福尼亚的第一位百万富翁！淘金潮带来了旧金山的快速繁荣，同时也把混合交融的多元民族文化带到了旧金山——当初的淘金者中一半是美国人，另一半则来自全世界各个地方，使得旧金山成为了一座世界性的都市。这种开放包容的移民性格一直延续到今天，流淌于旧金山人的血液之中。多元文化已经化作今天旧金山的一道亮丽风景，无论你走在旧金山的哪个角落都能深刻体会到。这风景都无需费力地睁大眼睛寻找，何不闭上眼睛体会一下呢？说不定能因此而感悟到更多！

▲“闭上眼睛吧！调动你全身的感官去体会这个城市的美！”

▲第三个男人在我旁边轻轻念叨着，带着点爵士乐的放荡不羁。苹果派和冰淇淋的奶香味夹杂其中，若有似无地飘过我的鼻端。杰克·凯鲁亚克（Jack Kerouac），一个名字从男人的嘴里蹦出，我听见了汽车碾过尘土、撞破迷雾的声音。50年前，这位仁兄用三周的时间完成了那卷对一个时代而言都非常重要的作品——《在路上》，“垮掉的一代”从旧金山的北滩开始声名远播。

▲其实，旧金山从来就不缺和文学、艺术的缘分，这里是杰克·伦敦（Jack London）的出生地；马克·吐

温（Mark Twain）从这里走进了文学的聚光灯下；艾伦·金斯伯格（Allen Ginsburg）的一声《嚎叫》，震落了那个时代的虚伪面具；而劳伦斯·佛林格蒂（Lawrence Ferlinghetti）开设的“城市之光”书店一直都是文艺界人士的活动中心。其他诸如音乐、电影、戏剧、绘画、雕刻等，都在这里找到了合适的生长土壤。只是，旧金山是很狡猾的，它仅用些浮光掠影便轻松打发了粗心的观光客，而真正属于这个城市的深层内涵则需要细心的人们自己去发掘。

▲“所以，欣赏旧金山最好的状态是，坐下，闭上眼，慢慢地品味。”

▲闭上眼睛，慢慢品味是吗？我睁开眼，发现自己仍然置身于机舱之中，看来刚才的一切只是一场梦，但那清晰的感觉让人不得不严肃审慎地回味再三。飞机即将着陆，一个全新的旧金山正在等待着，梦里的声音仍在回荡——

▲Please, help yourself to enjoy San Francisco, with your heart!

▲请，尽情品尝旧金山，带着你的心一起品尝！

▲杰克·凯鲁亚克。

▲▲▲上帝保佑那抹鲜亮的橘红

▲内蕴丰富的旧金山很难让人以精确的词汇形容它的模样，甚至在不同的人眼里，旧金山会变化出千姿百态的形容样貌。三位游客先后参观了金门大桥，归来后，却得出了完全不同的结论。

▲一曰：“金门大桥很长。”

▲另一位道：“金门大桥并不很长，但是挺高。”

▲第三位则说：“金门大桥既不长，也不高，倒是很鲜艳。”

▲三人争论多时仍相持不下，旁人听后，疑惑不解——难道有三座桥都叫做金门大桥？

▲金门大桥，世人皆知，称其为当今世界最著名之桥也不为过，当然也不可能存在重名之说了。细问之下，旁人笑答：“三人都不错，不过是‘盲人摸象’罢了。”

▲金门大桥的确很长，它总长2743米，主桥跨度1280米。建成通车时，金门大桥的长度在当时位居世界

第一，这个纪录直到 1964 年纽约的韦拉扎诺海峡桥建成才被打破，而后者也仅仅比金门大桥的主桥跨度长 18 米。

▲金门大桥也很高，大桥的两座塔楼高 227 米，仅比旧金山市内最高的建筑物泛美金字塔（230 米）矮 3 米，如果算上南端塔楼建在水下的 30 多米深度，孰高孰低又另当别论了。

▲金门大桥的颜色举世闻名，那独特的橘红色外观非常引人注目，在今天早已成为金门大桥的标志颜色。据说，当初选用此颜色，是为了在迷雾天能见度低的情况下确保船只能够顺利航行。粉刷一遍大桥需要耗费 6 万加仑的油漆。更有趣的是，每年一次的完整粉刷工作耗时正好是 365 天，所以说自从 1937 年大桥开通之日起，金门大桥的粉刷工作就一直没有间断过，只为了保持这抹鲜亮的颜色。

▲既然三位游客参观的是同一座金门大桥，那为什么会得出迥然相异的结果呢？原来，三人选用了完全不同的游览方式。

▲而旧金山的丰富与层次又岂是三种方式所能穷尽的。

“据说每一座拥有伟大历史的城市都是建在水边，比如台伯河畔的罗马、塞纳河畔的巴黎、泰晤士河畔的伦敦以及哈德逊河畔的纽约。如果这的确是评价一座城市伟大与否的标准，那么旧金山无疑将以其拥有水域的体量而傲视同侪，在人类都会史上，还从没有任何自然物像旧金山湾对旧金山那样产生过如此重大的影响。”

▲想看长长的金门大桥？那就和第一位游客一样，乘上游船去旧金山湾里观赏。无论什么时候，都记得多带件外套，否则那刺骨的海风将毫不留情地吹走你游览的兴致。金门海湾的入口仿佛一个马力全开的鼓风机，源源不断地把太平洋的海风送入内陆。这风在城里很受欢迎，因为它均匀地调节着内陆的气候，使得旧金山夏无酷暑、冬无严寒，一年四季温度适中。不过在湾区的海面上就不那么宜人了，平均每小时将近100公里的风速足以使庞大的金门大桥桥面摇晃摆幅超过5米！所以要在海上观赏金门大桥，就要看你的意志力有多强了。或许就是这个原因，450年以前，西班牙人的探险队未能一探旧金山湾的全貌，否则这个城市的历史将全部重写。

▲经受住海风强有力的拥抱，让我们一起撞开迷雾，这些自以为是的家伙，总以为是因为它们才使旧金山拥有了与众不同的气质。出于嫉妒，它们把金门大桥掩藏了起来，不想让人们过多地关注那道亮丽的红色身影。谁晓得，金门大桥在雾气中反而显得更加妖艳传奇，“雾锁金门”也成了旧金山特有的城市名片之一。

▲当金门大桥终于进入你的眼帘，所有的惊叹总和也不足以形容它的神奇与美貌。这座近代桥梁建筑史上的奇迹，傲然屹立于宽1966米的金门海峡之上，至今整整70载。1937年以前，它还仅仅被认为是建设图纸上的一个笑话。如今，在经历了两次历史性的大地震和其他无数灾难之后，金门桥早已用事实回敬了所有质疑，并呈上了一份建筑传奇。

▲在海上看金门大桥，最能体会到桥的惊人长度和气魄。这样一座巨型长龙完全靠钢索悬吊而起，如果将

这些钢索首尾相接的话，其长度可以绕地球赤道3圈！连阳光都爱慕这件大胆、天真而充满艺术想象的杰作，整日里微笑轻抚金门湾，当那一片金光吻上海面，你一定能明白最初人们为什么要把这里定名为“金门”了。

▲在海上看金门大桥，你将有机会直面旧金山的另一个传奇——恶魔岛（Alcatraz），这里又被人们称作“大石头”（The Rock），1996年由辛·康纳利和尼古拉斯·

凯奇主演的电影就曾将这里作为故事发生地，而电影的名字就叫”The Rock”（中文译名为《石破天惊》）；更近一些，2006年才上映的电影《X战警3》里万磁王让金门大桥飞了起来，他重新定义了桥的位置，一端与旧金山市区相连，而另一端则跨在一座形似军舰的岩石岛上，对了，那就是恶魔岛。

▲恶魔岛上并没有恶魔，最初发现这个岛的西班牙人将它命名为鹈鹕岛。又因为它特殊的地理位置（靠近旧金山湾入海口），这里被修建为军事碉堡，并树起了美国在太平洋海岸的第一座灯塔。不过，恶魔岛既然被称为“恶魔岛”，一定有它令人畏惧的原因。从19世纪70年代到20世纪60年代差不多整整100年的时间里，这里是全美国所有犯人的噩梦——它成了一座守备森严、与世隔绝的监狱，关押过1500名重刑犯。曾经有犯人说过这样一句话：“如果你触犯法律，就要进监狱；如果你触犯了监狱的法律，你就要进恶魔岛。”（Break the rules and you go to prison. Break the prison rules and you go to Alcatraz.）可见，恶魔岛在那段特殊的历史时期内，不仅仅是一座简单意义上的监狱，它已经成为孤独和恐惧的代名词，成为终极惩罚的象征符号。最具有讽刺意义的是，与这座小岛隔海相望的，就是以自由、开放著称的旧金山繁华的市中心，不知道被监禁于此的囚犯们是否曾隔海眺望，当时他们心中又是怎么想的呢？

▲逃离！渴望自由是人类的天性，相信这一定是隐藏在恶魔岛监狱所有囚犯心中的一个梦。恶魔岛监狱的历史上也的确发生过许多关于逃离的故事，各种关于逃跑的奇思妙想也在其中产生：汤勺做挖掘工具、雨衣改造的救生衣，甚至还

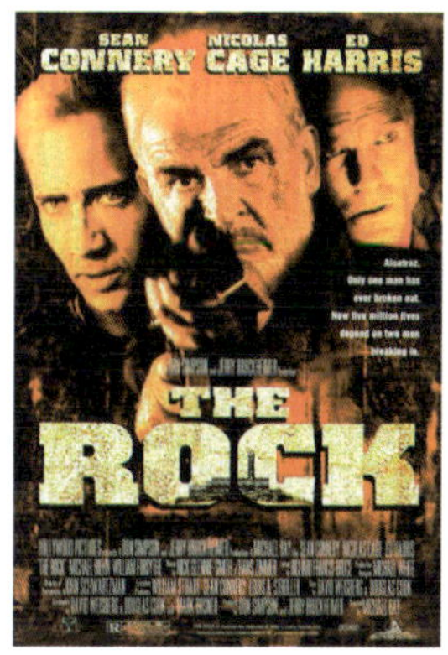

UNITED STATES
PENITENTIARY
ALCATRAZ ISLAND AREA 12 ACRES
1½ MILES TO TRANSPORT DOCK
ONLY GOVERNMENT BOATS PERMITTED
OTHERS MUST KEEP OFF 200 YARDS
NO ONE ALLOWED ASHORE
WITHOUT A PASS

▲恶魔岛上的体验。

INDIANS
WELCOME
UNITED STATES
PENITENTIARY

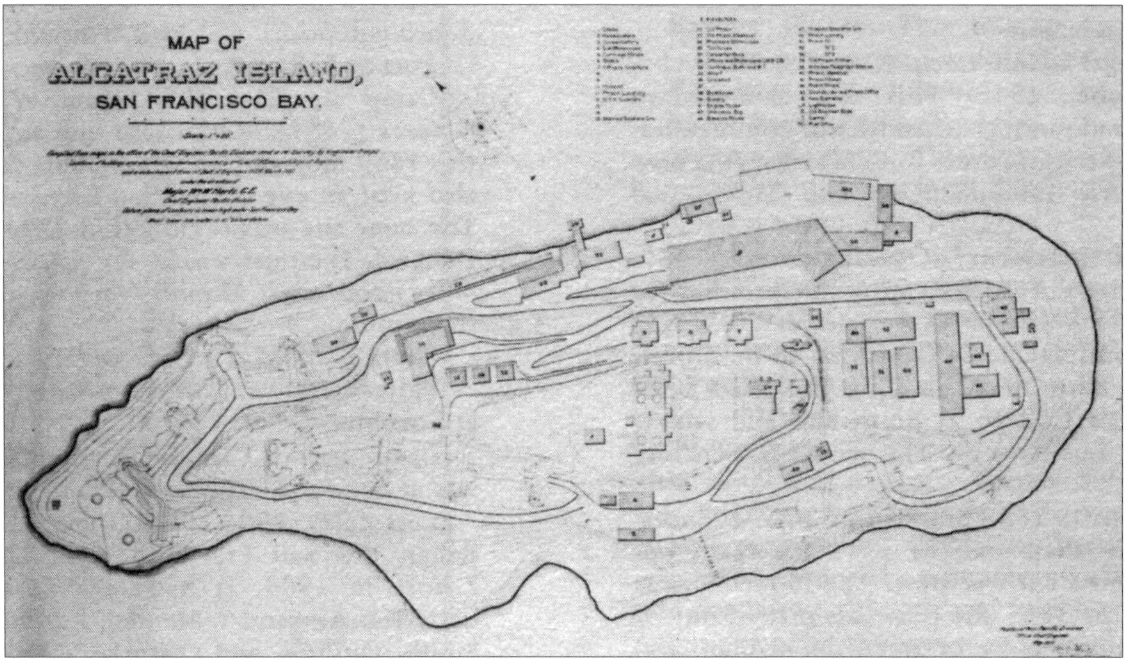

有用来蒙骗狱警以肥皂和水泥做的假人头……不要以为这是电影里才会出现的情节，这些在恶魔岛监狱里早已被人一一尝试。当然，所有关于逃离的尝试在恶魔岛这座“天然”监狱看来都是徒劳的。除了监狱附加的安全防范措施外，湍急而刺骨的海水成为恶魔岛监狱最冷酷的“看守”，在恶魔岛关押过的1545 名犯人中，有36 人曾尝试过越狱，其中也仅有一例因为搜寻不到越狱者的任何踪迹而在理论上宣告其成功。克林特·伊斯特伍德拍摄的电影《逃离恶魔岛》(Escape from Alcatraz）就曾经记录过关于恶魔岛上越狱者的相关故事。

▲1963 年，经历了百年纷扰的恶魔岛监狱因高昂的维持费用而被迫关闭（据说当时这里一日关押的费用比旧金山城里一日住宿还要贵）。之后印第安人一度占据了这座荒岛，今天在恶魔岛码头附近还能看到印第安人留下的字样。如今，登上恶魔岛已不再是一件令人恐惧的事情，游客们在导游的带领下，兴致勃勃地追溯那段特殊的历史。整座小岛幽静惬意，海鸟成群栖居于此，褪去恐怖狰狞的外衣后，这里倒成了远离喧嚣的世外之所。在此眺望金门大桥也是不错的选择，当历史与传奇在此交融，你一定会爱上从这个角度看到的金门大桥与旧金山。

▲恶魔岛地图。

一个人和一群人的坠落

▲对长度不敏感，想看高高矗立的金门大桥？那一定不能错过第二位游客选择的游览方式——Go Car。

▲Go Car是在美国新兴的城市游览交通工具。小巧可爱的外形和亮丽的色彩将使你成为城市中最醒目的一个。当然了，因为不熟悉车的特性，新上路的游客难免会遇到这样那样的搞笑情节。Go Car只能在指定区域里行驶，千万别不自量力地开上高速公路，除非你想尝试一下被众多车辆隆重地夹道欢送而下的滋味；Go Car车身小巧，与普通车辆一比简直就像小孩子过家家的玩具，它的速度也不快，所以驾驶的时候记得给正常行驶的车辆让出道路，否则会遭到成串的喇叭轰鸣"攻击"；Go Car的动力也不大，面对旧金山诸多陡峭的道路就只能识趣地绕道而行了，还有就是千万记得小心辨路，因为小车无法倒车，那就意味着一旦开错路需要掉转方向，你就得在大庭广众之下，爬下车上演"人力掉头"的戏码了……

▲这样的搞笑事件还有很多，相信所有乘Go Car游览的人们都会有类似的经历。在GPS导航系统的指引下，Go Car将带给你一段充满欢乐的旧金山之旅。因为旧金山特殊的地势，Go Car的主要游览线路集中于旧金山市北部靠近金门湾区的区域，金门国家娱乐区（Golden Gate National Recreation Area）的南半部分就

位于此处，占地260平方公里的娱乐区由一系列国家公园组合而成，金门大桥正好位于娱乐区的中心，连接起金门湾两侧的娱乐区。而位于金门大桥下的海角炮台（Fort Point）无疑是自下而上观赏金门大桥伟岸身姿的最佳地点。

▲海角炮台在19世纪中期建成，当时是用来保卫金门大桥的军事重地。如今这里则成了参观美国内战前军事碉堡的首选地点。站在防洪堤上仰视金门大桥，你会感受到人的渺小脆弱。不得不提的是，面前这条深不可测、水流湍急的峡湾至今已吞噬了至少1300人的生命，无关天灾，也不是意外。这里，金门大桥，还有另外一个显赫的名声——它

▲金门公园里的荷兰风车。

STOP

是世界上最著名的“自杀胜地”。因为金门大桥完全开放式，毫无遮拦的设计，被人们称作“完全为自杀者而建的大桥”。也因为，它实在太高了。金门大桥的桥面距离水面约 67 米，如果有人从桥上往下跳的话，4 秒之后他就将以每小时 120 公里的速度撞向海面！换句话说，这些跳海自杀的人当中绝大部分是被摔死或吓死的，并非一般人所认为的溺水而亡。更具传奇色彩的是，金门大桥的首席设计师约瑟夫·施特劳斯也是在此跳海而亡的，就在金门大桥建成不久之后。关于他的死因众说纷纭，有的说是为情，也有的说是为名。而今真相早已随故人西去，我们也只能从他留下的诗中徒劳地寻找蛛丝马迹：

But ask of those who met the foe

Who stood alone when faith was low

Ask them the price they paid…

但是，请问问那些人中间

谁曾背腹受敌

谁曾遭命运遗弃

请问问他们曾付出多少代价……

▲以生命为代价，多么令人唏嘘的结局。金门大桥在此时竟成了一道伤痕，醒目地烙刻于旧金山身上。还是跨过这块伤心之地吧，乘着 Go Car 继续未完的探索之旅。金门大桥往西穿过普莱西迪奥那片被称为户外博物馆的自然古迹混合区就进入了旧金山海岬。这里地势崎岖、植被茂密，许多有趣的景点隐藏期间：“贝克海滩”曾是张伯伦炮兵连驻扎的地点，在这里可以远眺太平洋，还可以看到惊涛拍岸背景映衬下的金门大桥；“中国海滩”是一处规模较小的海滩，早期的华人渔民曾从这里上岸；“地尽头”（Lands End）是一处诗意的存在，就像它的名字一样。大陆在此结束，但关于旧金山的遐想未曾结束。“地尽头”也是本地区能够观赏到金门大桥最远的地点。

▲绕过一片高尔夫球场，加州荣誉勋位宫早已恭候多时。加州荣誉勋位宫的前身是 1915 年巴拿马—太平洋国际博览会中的法国厅，1924 年重建后用来纪念在第一次世界大战中阵亡的加州战士。现在，这里是一处馆藏丰富的欧洲艺术博物馆。经过了一番文化艺术的洗礼，再来看金门大桥是否会有不同的感受呢？金门大桥的高度无法用数字去衡量，站在生命的高度、站在艺术的高度，你才能真正体会它的高度。

“我不知道究竟是谁决定把金门大桥漆成橘色的，愿上帝保佑他们！”

▲说起金门大桥的颜色，人们都会脱口而出：“红色”，其实那是一种由红、黄、黑混合而成的颜色，称为“国际标准橘”。鲜亮的金门大桥，总能轻易成为游客眼中的明星。你可曾想过，其实你也可以像金门大桥一样“红”！这就得说说第三位游客独特的游览方式，因为他选择了一种最“火红耀眼”的游览方式——乘消防车观赏旧金山！

▲罗伯特（Robert）和玛丽琳（Marilyn）是一对可爱的老夫妻，他们已携手走过了30年，而且还拥有一个共同的爱好——热爱消防事业！30年前，他们买下了一座拥有百年历史的老房子——旧金山第33消防公司旧址，当作他们的家。他们开始到处搜集关于消防与旧金山之间的历史渊源，然后有了一个绝妙的主意，带领大家用一种特别的方式跨过金门大桥。那就是乘坐“庞大、火红、闪亮的消防车”，一路欢歌笑语，参观金门湾区。

▲坐上这辆20世纪50年代的老式消防车，心中的激动无法用言语表达。玛丽琳是唱着歌做开场白的。就像一团熊熊燃烧的火焰，席卷而来，点燃了在座每个人的热情。然后出发了。先从沿街的老建筑开始介绍，旧金山的往事从消防水龙头、逃生梯，甚至破旧的墙角里蹦了出来。随着玛丽琳大声的介绍和罗伯特附和的汽笛声，车上的乘客成了大街上最惹眼的一群人。路人纷纷停下脚步好奇张望，有人甚至举起了手中的相机……天哪！参观者怎么成了被参观的对象？

▲消防车一路前进，沿途经过了许多有趣的地方，比如宠物墓地。这里曾经是特种部队警犬的小型埋葬场，后来才逐渐发展为当地居民的宠物墓地。消防车带领着游客从金门大桥底下穿过，并在上桥之前刻意停留片刻。细心的玛丽琳检查每一位乘客是否穿上了足够厚实的外套（都是年代久远的消防衣），并发给大家

手套和绒帽。

▲"哦，不！这件衣服对你而言还不够暖和，我再给你换一件吧！"玛丽琳看看这一位说道。此时他还完全没有意识到自己即将面对的……狂风！是的，消防车是完全敞开式的，你可以想象当它从金门大桥上呼啸而过的时候，那将是一番怎样的情景？惨不忍睹。他用尽全身力气拉扯着身上的外套，希望它能替自己多挡点儿风。还能睁开眼？那得庆幸他戴着墨镜！桥上风大得吓人，毫不留情地扇打着车上的每一个人。冷虽冷，但是兴致高昂。玛丽琳还在大声地唱着歌，她编好歌词，要求大家跟着她一起唱。不会英文？没关系，那琅琅上口的曲调，任谁听一遍都能跟着哼。抛开羞涩，你会发现善意的微笑在消防车周围一朵朵地次第绽放，赶紧挥挥手，把现在的好心情和所有人分享。这就是消防车之旅，在愉快参观的同时，也把欢乐传递给周围所有人。

▲等到好不容易捱过了金门大桥上的狂风"酷刑"，转头相望，笑声炸开了。吹红了鼻头的、吹迷了眼的，最惨要属那怕丑没带帽子的，这下可好，金门湾的狂风帮他完全换了一个发型！

▲回头再看刚刚跨过的金门大桥，依然平静地矗立着。

仿佛从我们头上刮过的狂风完全是臆想出来的。不过，得感谢敞开式的消防车，它让我那么近距离地看到了最真实的金门桥。那高耸的塔楼和一根根结实的钢索，当然，还有那明亮耀眼的“国际标准橘”，的确比消防车更闪亮！

▲消防车跨过金门大桥，便到了马林县。这边是旧金山的富庶之地，无论是从物质上还是从自然环境上而言。离此不远，类似谬尔森林（Muir Woods）这样保

存完好的珍稀植物保护区比比皆是。旧金山不仅仅只有迅速繁荣的神话，它向世人展示了人与自然和谐相处的无限可能。

▲索萨利托（Sausalito）是此行最不能错过的一站。这个温馨的小镇依海而建，每一栋房屋都是那么可爱而独特，完全不似身在美国的时尚都市，反倒有几分地中海小岛的气质。在此地逛逛沿街小巧精致的商店和画廊，或是到Scoma’s水上餐厅去饱食一顿美味海鲜。

如果你胆子够大的话，可以尝尝主厨推荐的鲨鱼大餐……然后，看着夜幕优雅地为不远处的天使岛披上天鹅绒外套，请你一定记得在此时乘渡轮返回旧金山。这样的话，你就能看到在夜色映衬下熠熠生辉的金门大桥，48盏高压钠灯是献给这位优雅女士最好的珠宝，而我们也在意想不到的情况下，见到了金门桥又一副迥然不同的模样。

▲有多少游客，就有多少座金门大桥。因为，它的模样全凭你自己去描画。

▲“盲人摸象”又如何呢？至少我拥有了属于自己的完整的游览记忆。

▲所以，知道旧金山的模样了吗？它就刻在你的眼睛里。

▲从索萨利托小镇隔海远眺旧金山。

▲索萨利托小镇上的Scoma’s餐厅。

HISTORIC
FIRE
ENGINE
LOADING
AND
WORLD FAMOUS
FIRE ENGINE TOUR
TODAY'S TOURS

美联航提供更多不停站航班直飞美国

UNITED
美国联合航空公司

cn.united.com　A STAR ALLIANCE MEMBER ™

▲▲▲葡萄的表情

▲旧金山闻起来该是什么味道?

▲是夜，正为此难题愁眉不展，一阵敲门声终止了这场挣扎。

▲酒店服务生送上了一瓶红葡萄酒，说是欢迎住店客人的礼物。我惊喜地收下，还未等脚步声远去，深红色丝绸般的酒液已经躺在我的杯子里了。漫不经心地晃了下杯子，没想到那酒液出奇地傲慢，懒懒地赖在杯壁上半天，才慢吞吞地挂杯而下。凑近鼻子嗅了一下、再一下、第三下……

▲我想我知道该怎么形容旧金山的味道了。那是关于樱桃、香草、紫罗兰、肉桂、橡木、皮革……之味的混合体，于每一次嗅觉体验都会留下不同的记忆，因为它的丰富层次所致……

▲你一定会说我骗人，怎么会有东西闻起来有那么多变化层次和内容？这并不奇怪，如果你和那晚的我一样尝过那杯红葡萄酒，就能明白……

▲如果说一千个人眼里有一千种旧金山，那么闭上眼睛、凑近鼻尖去嗅一下，你一定能感受到第一千零一种旧金山，另一种独立而特别的旧金山。

被酒神眷顾的地方

▲以嗅觉辨别得出的旧金山，便不应该在正常的轨迹里寻找，须得抛开一切既有的世俗印象往更偏远的地方去探求——跨过金门大桥，沿着香气一路往北，鼻尖下的旧金山存在于那一片奇迹似的山谷之中——索诺马山谷（Sonoma Valley）和纳帕山谷（Napa Valley），犹如酒神的杯，盛满青、紫色的珠玉。能酿出美酒的各种葡萄就是当地人眼中的珠玉，扑鼻酒香勾勒出旧

金山的另一种姿态。

▲一部金球奖获奖影片《杯酒人生》（Sideways），让人们对美国产葡萄酒有了更深的认识。其实，美国葡萄酒的历史甚至和这个国家的建国历史差不多长——1779 年，一位圣方济会的传教士建立了美国第一座有据可考的、具备制酒能力的葡萄园。当时的葡萄酒仅供教会仪式及传教士日常餐饮之用，直到 1830 年后，葡萄酒才开始在美国从宗教逐渐转变为商业用途。

▲19 世纪中期的淘金热潮，将大批的欧洲移民带到了旧金山，他们很快发现淘金热潮只是短暂如昙花一现般的梦，而旧金山大片适宜“酿造葡萄”生长的土地，在这些具有深厚酒业传统的欧洲人眼里，才是真正的“金矿”！

▲对于酿造葡萄而言，旧金山北部是一片神奇的土地。因为酿造葡萄不同于一般的食用葡萄，考虑到其成酒后的口感、香味、质地等各种因素，过冷或过热的气候条件都无法培育出符合要求的酿造葡萄。摊开旧金山地图，我们环顾左右，往东是默哈韦沙漠影响控制下的中央谷地（Central Valley），那里炎热、干燥，甚至被最早进入的西班牙人称为“烤炉”。旧金山往西便是太平洋，海上的空气潮湿、阴冷，是另一种极端的体验。就在这一片冷热交织的中间地带，适合酿造葡萄生长的“奇迹山谷”形成了。当海上冷风往内陆劲吹的时候，南北走向的山脉阻隔了它的去路，特别是在夏季和初秋时节，傍晚时分海上升起的雾气连同凉风一起，被内陆热空气流牵引着进入山谷地带。雾气遮挡阳光、带来湿气，并有效地降低了温度，形同自然的温度调节系统。在漫长的葡萄生长季节里，白天阳光充足且温暖干燥，傍晚则凉爽湿润，这种气候组合造就了最适合葡萄缓慢稳定生长的绝佳环境。旧金山的北部，特别是索诺马山谷和纳帕山谷也因此成为人们心目中的“奇迹山谷”——各种优质

的酿造葡萄在这里培育而出。

▲索诺马和纳帕，是旧金山乃至整个加州和美国葡萄酒生产的重镇。这里是最主要的美国葡萄酒出口产区，半数以上的美国葡萄酒厂都聚集在这两个地方。19 世纪六七十年代，美国加州葡萄酒业开始快速发展，新酒厂纷纷在这两个地方成立。1976 年在巴黎举行的法国与美国加州葡萄酒品评竞赛中，加州葡萄酒竟然喧宾夺主，全面击败了法国葡萄酒。一夜之间，美国加州葡萄酒彻底改变了国际酒评家的认识，新世界葡萄酒的时代到来了。以后的短短几十年间，美国加州也因为索诺马和纳帕山谷这两块宝地，一跃成为产量仅次于意大利、法国、西班牙的世界第四大葡萄酒产地，在新世界葡萄酒生产国中，骄傲地占有重要地位。

▲索诺马山谷是美国葡萄酒酿造的先驱之地，拥有超

过一个半世纪的葡萄种植历史，它是第一个接受法国、意大利、西班牙珍贵葡萄品种接种的产区，从实质上大大提高了美国葡萄酒的质量。索诺马山谷可以说是代表着美国葡萄酒悠久而传统的历史；纳帕山谷，比索诺马山谷拥有更响亮的国际声誉，甚至成为加州葡萄酒的代名词：在这个长 45 公里，宽 5 公里的狭长山谷中，坐落着 300 家左右的葡萄酒厂，密度之高堪称世界之最。就是这样两个地域面积有限的山谷，实实在在左右着美国在葡萄酒世界的地位。被酒

神眷顾的地方，怎能不令人闻香心动呢？而当你真正靠近它们之后，就能明显感觉到这两个地方的不同之处，就像人们品尝过 Chardonnay 和 Pinot Noir 以后，是绝对不会将二者混淆起来的。

▲当然了，Chardonnay 是一种青葡萄，是酿造白葡萄酒的种类之一；Pinot Noir 是一种紫葡萄，酿造出的红葡萄酒常以此名之，所以，光从外表看，就可以轻易地分辨二者，自然也不会搞错索诺马和纳帕山谷。但是，有品位的鉴赏者并不只用眼睛去完成所有的比较，必要的时候他们也用鼻子。

N

它是这个世界上最绵长、最夺魄、最精致、最古老的味道……

▲Pinot Noir（中文名也叫黑品乐、黑比诺）葡萄被誉为酿造葡萄界的“娇小姐”。这种世界上最古老的酿造葡萄品种之一（历史记载可追溯到公元1世纪）种植起来是非常不容易的。Pinot Noir葡萄对气候要求非常高，温度高了会使它成熟过快没有滋味，成长期雨水多则容易使它腐烂，只有凉爽地带最适合。Pinot Noir的产量很小而且早熟，果皮像年轻女孩的皮肤一样薄。这些特质都让果农们非常头疼，但是如果老天帮忙再加上管理得宜，Pinot Noir葡萄绝对能

酿造出极品的琼浆玉液！它那红丝绒般的色泽，天鹅绒般的口感以及馥郁香水般的酒香早已风靡品酒界，在《杯酒人生》里，主人公就曾对Pinot Noir发表过一段精辟论述：

▲“……它是一种很难种的葡萄，它的皮很薄，非常敏感，而且早熟……Pinot Noir需要不断的照料和关注，它只生长在这个世界上那些隐蔽的、特别的角落，也只有园丁最大的耐心和培育才能让它生长。只有肯花时间去了解Pinot Noir的人才能理解它的潜质，才能感觉到它所有的表情，我的意思是说味道。它是这个世界上味道最绵长、最夺魄、最精致、最古老的东西……”

▲这就是Pinot Noir，不论是葡萄本身或由其所酿制的酒液都具有古老、优雅、精致的特征。虽然外表可能朴实无华，但只有细心者才能发现Pinot Noir的真正内涵和绵长韵味。索诺马山谷也具有同样的高贵品格。

▲车出旧金山市区约半个小时，我们就来到了美国葡萄酒的发源地、北加利福尼亚酒乡的门户——索诺马山谷。如果你和我一样在行车过程中睡着了，等再次睁开眼的时候，一定会惊讶于自己的所在——相比于繁华喧闹的旧金山市区，安静祥和的索诺马山谷简直就是另外一个世界。群山环抱之下，成群的牛羊悠然自得于天地之间；绿荫簇拥之间，成片的葡萄园往视

野无法达到之地肆意铺展开去。所谓世外桃源，也不过如此了吧？谁还记得十多公里外的旧金山市区？它早已被抛到了九霄云外，就像和空气充分接触后的Pinot Noir红葡萄酒，旧金山的全新面貌逐渐呈现于我们眼前。

▲这里没有摩天大楼，没有车水马龙，更没有摩登时尚……初到此地的城里人可能会感到不习惯，因为它的平淡。是的，索诺马很“淡”，至少在未及深究的

过路游客看来是这样。就像面对娇贵的Pinot Noir，稍不留心就会把酒液从“甘如醴”变为“淡如水”。造成Pinot Noir平淡无味的原因多种多样，从种植、采摘到酿制的每一个环节步骤，任何一点闪失便会“前功尽弃”。面对索诺马也是如此，粗心大意当然无法领略它的精细韵味。

▲索诺马镇很小，一条宽阔的马路直达镇中心的索诺马广场，这里也是全加利福尼亚州最大的西班牙广场。1834年至1846年，这里属于墨西哥将军巴列霍的领地。1846年时，30名骑兵发动起义占领此地，未放一枪一弹便从容俘获了巴列霍并宣布加利福尼亚独立。他们在裙子修改而成的布旗上画上了红星、灰熊以及手写的“加利福尼亚共和国”字样。可惜，这个新共和国只存在了短短的25天，随着美国军队的到来，它的短暂历史使命便宣告结束。这便是索诺马历史上的“熊旗起义”事件，如果细心的话，你还能在广场的东北角发现一座纪念铜像。此外，直到今天加州的旗帜上仍保留有灰熊图案，而索诺马的这个广场也从此隶属于索诺马州立历史公园。那个短暂的共和国往事如一颗顽皮的石子，投入索诺马小镇这湾平静的湖水，于是平静的小城便多了一段有趣的轶事。

▲我们在一座不起眼的建筑物前驻足，它拙朴可爱的外形与小镇的午后阳光相得益彰。这家可爱的家庭式餐馆有一个可爱的名字，叫做“姑娘与无花果”（the Girl & the Fig Restaurant），让人自然而然地联想起阳光、微笑和美食，而这一切在这个小巧可爱的餐厅，你都可以找到。我们被迎到了后院，那是一片高大梧桐遮蔽下的悠然天地：木制桌椅散布其间，和围墙上的爬藤植物一起向远道而来的客人发出属于乡野田园

▲小巧可爱的餐厅：“姑娘与无花果”。

▲索诺玛小镇静谧的乡村生活。

的热情问候，阳光嬉戏其间，星星点点闪耀着你的眼。而比阳光更耀眼的是这里人们友好热情的微笑。

▲“这么好的天气，来点葡萄酒如何？”看来生活在索诺马，这里的一切早已与葡萄酒密不可分了。点什么酒好呢？当然是Pinot Noir了！清新淡雅的口味极易入口，适合大多数的菜肴，也能令不同的饮用者满意。

▲服务生送上了一瓶本地产Pinot Noir红葡萄酒，酒入杯中，一股讨喜的水果清香便扑鼻而来。Pinot Noir

原产于法国勃艮地，美国加州由于有着Pinot Noir葡萄最喜爱的凉爽气候而一举成为法国以外最知名的Pinot Noir产地之一。这里的Pinot Noir和产自法国的“同胞”品味起来有着明显的区别——加州的Pinot Noir酒在年轻时就有非常明显的果香味，相对而言，法国勃艮地红酒则需要经过一段时间的存放才能散发出果香；加州的Pinot Noir在年轻的时候通常呈现红色水果、玫瑰花等各类香气，而成熟后则将拥有烟熏、香料、绿茶等更为成熟复杂的气味。

▲这就是Pinot Noir，这就是索诺马了。我情不自禁地闭上眼，沉醉其中。午后微风轻拂，我看见葡萄海洋翻腾起绿色波澜，就在这片被当地人们称为“月亮山谷”(Moon Valley)的诗意地带。美国著名小说家杰克·伦敦的同名作品就源自于此，这位一生充满传奇的作家，在看到索诺马地区的美丽景致后，竟然做出了“归隐”田园的决定，不知道这其中有没有Pinot Noir的功劳？从索诺马镇出发，往北行车大约10分钟就能到达艾伦峡谷(Glen Ellen)，那里是杰克·伦敦州立历史公园(Jack London State Historic Park)的所在。游客们可以在橡树和红杉林中漫步，远远地抛开杰克·伦敦口中“厌倦的城市人”生活，或者到”幸福墙之屋“(House of Happy Walls)去凭吊这位伟大的作家。不过，这只能算是游览索诺马的一段小插曲，在性感的Pinot Noir葡萄酒面前，连大作家杰克·伦敦也只能甘为配角了。游览索诺马的“重头戏”当然是去葡萄酒庄品酒！

▲位于索诺马卡那罗斯地区(Carneros)的Gloria Ferrer香槟酒窖是我们此行选择的品酒目的地。Ferrer是一个来自于西班牙的拥有四代制酒历史的专业家族，而这个酒窖当初就是以它的创始人Jose Ferrer的妻子Gloria Ferrer的名字来命名的。Ferrer家族在来到卡那罗斯地区后，惊喜地发现这里的气候环境等各方面条件与西班牙的加泰罗尼亚地区非常相似——它们都靠近面积巨大的

▲Ferrer是一个来自于西班牙的拥有四代制酒历史的专业家族。

水体，因而受到海洋性气候的影响。更为有利的是，索诺马地区夜间的雾气很好地保护了葡萄藤免受清晨阳光的直射；而夏日午后的微风还能使成长期的果实和叶子保持必要的干燥度。

▲要知道，卡那罗斯作为美国第一块AVA区(American Viticultural Area，美国葡萄栽培区制度，现有157个AVA)，其依据更多地是建立于地理气候条件之上，而非单纯的行政边界。温暖的白天、凉爽的夜晚、夏季的雾与相对较长的葡萄生长期（生长期延长就能使葡萄的成熟放缓，从而更好地达到其中糖分与酸度的平衡），这些都是卡那罗斯出类拔萃之处。该地区早在1983年就取得了AVA资格，可是，仍然不算早——Ferrer 家族在此一年之前，就在卡那罗斯购买并建立起自己的香槟酒窖。

▲说起香槟，这又是一个充满计较与纷争的故事。简单而言，香槟就是起泡型葡萄酒，但是属于香槟的所有秘密与荣耀关键就在这些气泡当中。香槟原产于法国，因为其特殊的制作工艺，被视为法国的国宝级酒饮，它的命名受到法国和欧盟法律保护——只有在法国香槟区生产的起泡型葡萄酒才能被称为“香槟”。法律生效了，但这并不能堵住悠悠之口，可能是由于香槟之名太盛，人们都乐于把带气泡的葡萄酒称为香槟，只是不知道在全世界到处打官司的法国人做何感想？

▲Gloria Ferrer 香槟酒窖虽没有法国血统，但他们在自己的起泡酒事业中倾注了极大的热情。他们坚持以加州风格生产加州起泡葡萄酒，而不是简单地照搬法国香槟模式，或者，和其他酒庄一样直接聘用法国酿酒师。他们，代表着加州乃至美国葡萄酒业的坚持与自信。

▲在Gloria Ferrer 酒庄，你处处能看到传统与现代的结合——当葡萄成熟时，酒庄需雇佣约200名左右的工人完成葡萄采摘工作，但榨汁工序已交给机器去完成（如今在法国，传统脚踩榨汁的方法也不多见了，因为榨汁过程中产生的大量二氧化碳会对人体造成极大伤害，甚至有致死的危险）。发酵过程中采用不锈钢桶是为了更方便控制时间和温度，我们甚至在装瓶车间看到了先进的智能机器人，它有一个可爱的名字叫Abby，负责成品酒的装箱工作。对于葡萄酒，加州人自有其洒脱与豁

▲酒庄为接受过手工转瓶的起泡葡萄酒专门设计了一款形状独特的酒瓶。

▲Gloria Ferrer 酒庄的现任主人。

达，他们敢于突破传统，敢于标新立异，最终是为了在葡萄酒制造领域留下属于自己的深刻印记。传统葡萄酒产业有根据当年气候水土区分“好年份”与“非好年份”的习惯，并以此为根据为葡萄酒区分划定不同等级。比如进入21世纪以来，公认的最好年份是2005年，这一年的酒甚至到了未售先轰动的地步。但是，当这一问题在Gloria Ferrer酒庄被提出，我们却得到了一个出乎意料的答案：“在美国，在索诺马，葡萄酒没有‘好年份’与‘非好年份’的区别，因为在我们这里年年都有好天气，年年都是‘好年份’！”还能说什么呢？如此自信的回答，已经说明了一切！

▲无论如何潇洒自信，有一道制作工艺，即使是Gloria Ferrer酒庄也不敢轻易忽略，那就是起泡型葡萄酒独有的转瓶沉淀工序。对此，Gloria Ferrer酒庄并未完全放弃传统，因为手工转瓶工艺代表着香槟类葡萄酒的尊崇身份。在Gloria Ferrer的酒窖里，有三位员工专门为此而聘，因为工作艰巨繁重，接受手工转瓶的起泡葡萄酒一般只占到Gloria Ferrer酒庄年产量的5%。就是这稀有的5%，受到了“刮目相看”——每一瓶接受人工转瓶沉淀工序的葡萄酒将在其酒瓶底部被标上一种特制漆作为记号，这种漆不会被轻易洗去，起到了明显的识别作用，这样一来消费者就能清楚地知道，自己买到的是出自Gloria Ferrer酒庄的特殊的手工转瓶酒。另外，酒庄还为这些接受手工转瓶的酒专门设计了一款形状独特的酒瓶，相信一定能令Gloria Ferrer的起泡葡萄酒更加独树一帜。

▲登高远眺，眼前是一望无垠的葡萄园，绿色的波涛上下翻腾，绵绵不绝，就像手中酒杯里的气泡，凑近一嗅，山谷里的初春气息便扑鼻而来。Gloria Ferrer酒庄里大面积种植着Pinot Noir和Chardonnay两种葡萄，这两种葡萄和Pinot Meunier一起组成了酿制起泡型葡萄酒的葡萄品种，以所占比例而言，又以前两者为主。瞧，Pinot Noir和Chardonnay葡萄关系是如此密不可分！

▲装瓶车间里的智能机器人。

加州阳光的爽脆口感

▲嗅觉告诉我，索诺马与纳帕山谷密不可分，就像Pinot Noir和Chardonnay葡萄一样！

▲如果说Pinot Noir是“娇小姐”的话，那Chardonnay（中文名也叫霞多丽、莎当尼）可说是葡萄界的“多情绅士”。“丰富”是用来形容Chardonnay葡萄最准确的词汇。Chardonnay具有阳光热情的初印象，清新、直接的果香气息使它在“第一次亲密接触之后”便能轻易获得大多数人的青睐。而层次丰富、变化多端的入口后味道，则能激起品酒者强烈的好奇与追捧。有一句话可以精准地概括Chardonnay的特别个性——“difficult to characterize, but easier to recognize”（它的特色很难被表达，但是却很容易被辨认）。可以毫不夸张地说，Chardonnay葡萄是目前世界上最讨人喜

爱的白葡萄品种之一，极具王者风范。也只有它才能够酿制出世界上最伟大的干白葡萄酒——勃艮第白葡萄酒。在酿制香槟的三种葡萄品种里，也只有它是青葡萄。而且，Chardonnay葡萄作为制造香槟的中坚力量，可以用来单独酿造香槟酒，Blanc de Blanc香槟就是指完全用Chardonnay葡萄酿造的香槟酒，味道极其精致、爽脆。

▲根据资料显示，加州大学对Chardonnay葡萄的DNA鉴定证实，它的祖先是一种名叫“Gouais Blanc”的罕见、古老、几乎濒临灭绝的葡萄品种，从而证实了Chardonnay葡萄也属于“Pinot”葡萄家族（由此可见Chardonnay与Pinot Noir葡萄拥有亲缘关系）。

▲更奇妙的是，Chardonnay葡萄酒会根据产地的不同

而变化口感，比如在法国较冷的石灰质地里出产的Chardonnay葡萄酒经常被形容为“清脆而明快”，而在美国加州出产的Chardonnay葡萄，则更加充满激情和阳光，你往往还能在其中找到凤梨等热带水果的味道！精致、时髦、清新……这样的词汇你可以用来形容Chardonnay，同时也可以用来形容纳帕山谷！

CLOSED

Mama's Kitchen
The Secret

THERE'S NO HO LIKE COHO

BACON MINTS
ENLARGE MINTS
DEVIL GIRL
HOT KISSES

OF
OTHERS

▲▲▲味蕾上绽放的美景

▲奶油、糖、咖啡、威士忌。

▲白色、黄色、黑色、棕色。

▲酸、甜、苦、辣。

▲四味原料混合在一起，有一个名字，叫“爱尔兰咖啡”。

▲四色人种混合在一起，有一个名字，叫旧金山。

▲“如果要我用一种鸡尾酒来形容旧金山，那无疑就是爱尔兰咖啡！”

▲ 调制爱尔兰咖啡超过 30 年的保罗如是说。

▲于是，我们决定从爱尔兰咖啡中去寻找旧金山的味道。

▲旧金山发明的美食。

▲星期天的早晨，保罗在他的吧台前排好了一溜咖啡杯，那是一条干净透亮的玻璃线条，反射着窗外刚亲吻过金门大桥的阳光。酒保正在有条不紊地进行着他手头的工作：往面前20只温热的杯子里，依次斟上香浓的黑咖啡，加糖，然后倒入威士忌酒——就像过去30多年中的每一个星期天。

▲30多年来，保罗每天面对着美景咖啡厅透亮的落地玻璃窗，码头区的迷人景色如一部无声电影在他眼前不间断地上演着，春夏秋冬、年复一年。岁月高举双手，大声招呼着变换着窗前的景致；岁月也在不知不觉间，悄悄将痕迹送上了窗前人的额头与鬓边。惟一不变的，就是保罗调制咖啡的动作，三十年如一日。

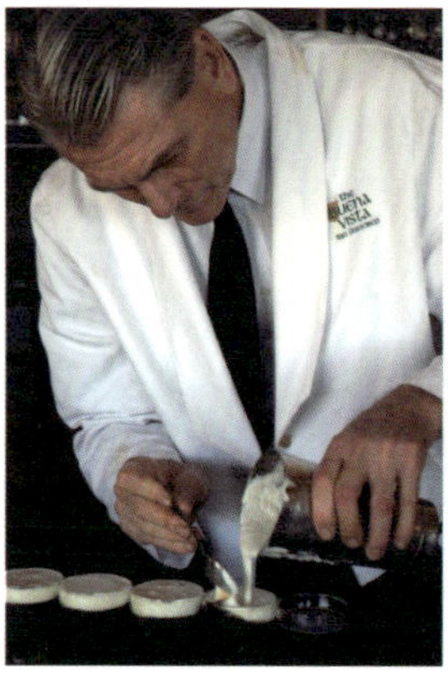

▲他轻轻搅拌着鲜奶油，顺便抬头向刚进门的客人打招呼，碰到常客便多寒暄几句。顷刻之间，他面前的咖啡杯已经少了四五只。根本无需担心面前这么多的咖啡是否会变冷发酸，因为他知道这些只是将要在一天内卖掉的2000多杯爱尔兰咖啡中的一个小小零头。

▲对了，这就是爱尔兰咖啡——用轻度搅拌的陈奶油糊、浓黑咖啡、糖，还有爱尔兰威士忌，以规定步骤，混合调制而成的花式咖啡。

▲但是，在旧金山，这条名词解释应该被重新修改，并加上一个限定地点——在旧金山美景咖啡厅（Buena

Vista Café）最先售卖的花式咖啡，是美国人所知道的爱尔兰咖啡起源。

▲早在120年以前——比金门大桥、恶魔岛监狱和缆车(Cable Car)更早更早以前，在海德街(Hyde)靠近渔人码头的一个不起眼的街角上，美景咖啡厅已经在此为水手、渔夫、码头工人供应酒水、餐点和金门湾的美景了。但是历史并不是美景咖啡厅贩卖的惟一热点，看看这里几乎可以媲美金门湾湍急海潮的人流就知道了。其实，美景咖啡厅更加骄傲于它的另一项名声：这里是全美国第一家调制和贩卖爱尔兰咖啡的店铺。

▲这个故事可以追溯到50多年前，当时环球旅行家兼专栏作家斯坦顿·戴拉普兰（Stanton Delaplane）正在美景咖啡店与店主人杰克·科普勒（Jack Koeppler）闲聊。阴冷、潮湿、浓雾的旧金山让戴拉普兰想起了他在爱尔兰的经历和那杯让他念念不忘的爱尔兰咖啡，以身为作家的敏锐直觉，戴拉普兰肯定这杯独特的饮料一定会在旧金山一炮而红。

▲“那么，这杯叫‘爱尔兰咖啡’的东西到底是怎么样的？”科普勒也觉得很兴奋，他已经迫不及待想尝试一下了。

▲“给我一些爱尔兰威士忌，我调给你看！”戴拉普兰很干脆地回答道。

▲事情并没有他们想象的那么简单，第一杯所谓的“爱尔兰咖啡”看上去和泥浆没什么两样，酒和咖啡的比例不对，奶油也没有如他们所预期的那样，听话地漂浮在咖啡上……调制一杯完美的爱尔兰咖啡

其实绝没有看起来那么轻松惬意。奶油、糖、咖啡和威士忌，四种看似基本的原料缺一不可；酸、甜、苦、辣四味的比例也要恰到好处，这是制作爱尔兰咖啡的基本准则。

▲就像我们开始品尝的这座城市一样，少了任何一味都不能称其为旧金山了。

波丁法式酸面包

▲旧金山的酸味来自于当地著名的波丁（Boudin）法式酸面包。这家位于渔人码头的面包店可是大有来头，因为它几乎和旧金山这座城市同龄，而且是旧金山现存仍在经营的最古老家族企业。

▲1848年，是旧金山历史上值得大书特书的一年。这一年，金矿在旧金山被发现。随即这一爆炸性消息惊动了全世界，人们从各地涌入，这其中也包括来自法国的波丁家族。一年之后，波丁面包房开业，这个家族坚持使用自己特有的工艺发酵所有面包——用前一天烘烤面包所得的母面当作第二天的发酵原料，这样一来无需酵母，面包就会自动“发起”、变酸。这种特殊的风味受到了广泛欢迎，人们开始起早排队，只为买到最新鲜的酸面包。随着旧金山人口的迅速增长，波丁酸面包也卖得越来越红火，直到融入旧金山居民的日常生活——人们在清晨，听着酸面包被拍上自己家门的声音醒来；摸一下刚从外面进来的酸面包以判断当天的天气；全家人围着餐桌分享面包和新一天的开始……旧金山以此为傲，甚至宣称正是由于旧金山阴湿、多雾的天气，促使面包中的微生物旺盛生长，最终制造出了最最地道、别无分号的波丁发酵酸面包。

▲酸面包，不管它是法式的，还是其他什么式样，它在这个城市就是旧金山式的。旧金山有一种奇特的魔力，可以在不知不觉中将外来美食、甚至文化毫不突兀地与这个城市融合在一起，并得到广泛认可。波丁酸面包就是一个很好的例证，一个半世纪以来，它已不再是一个外来移民令人好奇的家族产业，而是逐渐成为旧金山的标志之一，和金门大桥、渔人码头、缆车一样，被骄傲地展示给外来游客。

矗立于渔人码头的波丁面包房已不是单纯的面包作坊，这里有面包房、可供参观的开放式面包工厂、餐厅、咖啡吧、商店和一个小型博物馆，向所有人讲述着一

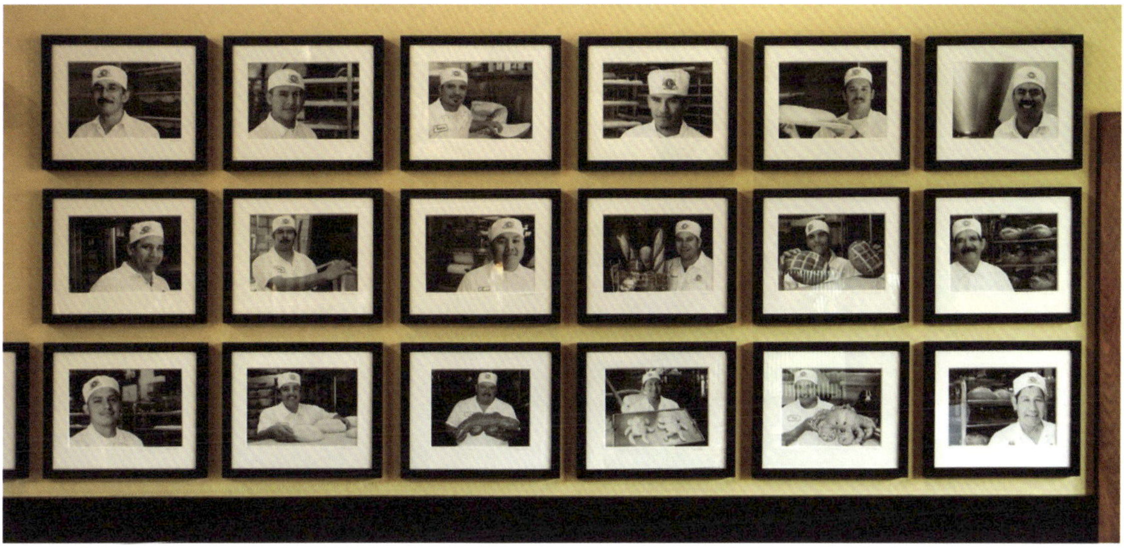

个关于面包和城市的完整传奇。

▲如果你走过杰佛森街160号，一定会被那弥漫在空气中的愉悦香气所吸引，这是一种神奇的香味，会让你不自觉地陶醉微笑。特别是当你肚子饿的时候，这种香味更是一种巨大的诱惑。这就是波丁酸面包的香味，牵绊住过往行人的脚步，连邓杰内斯螃蟹（旧金山当地著名海蟹）都受不住诱惑爬上面包房的窗了……哦，仔细一瞧才发现，原来不是真的螃蟹，而是做成螃蟹形状的酸面包。别出心裁的面包师傅每月都会推出造型别致的酸面包，逗趣可爱，深得一家大小的欢心。还有面包迷专门收集这些造型面包呢！

▲硕大的圆形硬壳酸面包是波丁面包房的经典面包之一，同时它也造就了旧金山的另一项不可不尝的美食——酸面包杂烩汤。把大大的面包挖出一个碗的形状，保留顶盖，在面包碗里盛上各种美味汤点，然后再盖上顶盖，保温又美观。这道美味在39号码头广受游人追捧，如果去那里游览，一定不要忘了点一个来尝尝鲜。不过，这道菜的量很大，千万不要因为贪心而点太多哦。

渔人码头甜螃蟹

▲酸酸的面包香气把我们带到了旧金山的又一个旅游热点——渔人码头（Fisherman′s Wharf）。这里是一个丰富而矛盾的存在，几乎每个人都能在此找到心仪之物。清晨或傍晚时，渔人码头安详而诗意：桅杆织出一条摇晃的天际线，湛蓝的天幕缀着零星海鸟，哼唱来自于海浪拍岸、也来自于风过耳畔……再挑剔的人也会折服于此刻的渔人码头；当叫卖声和汽笛声在正午和暖的阳光下溶化开来，更多的游客开始加入到渔人码头，商业化的欢笑被堆砌到一起，不论你喜欢与否，一个无可争辩的事实是，渔人码头日接待人数超过3万，当之无愧成为旧金山的热门景点之首。

▲39号码头是渔人码头地区惟一由私人开发建设的旅游景区，也是旧金山最甜蜜的景点之一。整座码头被装饰成天真浪漫的童话风格，甜腻得就像小贩手上的棉花糖。不很大的空间里却神气地挤满了各种玩乐好去处，同时诱惑着大人和小孩：威尼斯双层旋转马车、宽银幕电影、水下世界玻璃步道、冰淇淋天地……甜蜜的码头区虽然不免庸俗，却也是旧金山最真实的存在。当食物的香味在小小世界里弥漫开来，你会突然发现自己正处于难以抉择的境地——这里关于美食的选择太多了！真要一一品尝的话，可能需要个把月。如果喜欢吃海鲜，位于码头最顶端的Neptunes餐厅应该是个不错的选择，因为这里拥有全码头最漂亮的海景，客人们可以一边用餐一边

▲"这里的人们很友好，无论你从哪里来，都可以很快地融入这个城市，因为旧金山本身就是一个多样化的城市。"路易斯如此形容旧金山。

将金门湾尽收眼底。

▲我们在这个浪漫的地方遇见了美丽的路易斯小姐。拥有甜美笑容的路易斯小姐是个地地道道的旧金山人，单纯、热情、友好。她毫不掩饰对家乡的自豪之情，在异地求学数年之后，最终选择回到旧金山开展自己的事业。

▲“旧金山很漂亮，气候宜人，你可以在轻松友好的环境中惬意地生活。这里的人们很友好，无论你从哪里来，都可以很快地融入这个城市，因为旧金山本身就是一个多样化的城市。”路易斯在形容旧金山的时候这样说道，上菜的服务员打断了她的话，她点了一道烤鲑鱼，从小在旧金山这样一个海产丰富的城市长大使得路易斯对海鲜钟爱有加，“我无法想象没有鱼吃的日子，我喜欢吃鱼，这也是我为什么选择旧金山的原因之一。”

▲说话之间，我们点的螃蟹也上来了，邓杰内斯蟹是旧金山的特产，在路易斯的强烈推荐之下，我们几乎都点了螃蟹。不过，在Neptunes餐厅吃蟹可是个大阵仗。除了那一大盘菜以外，还有复杂的工具、洗手用的柠檬水、塑料手套和围兜——画着一只大龙虾的围兜十分可爱，在享受美味的同时，我们也意外地收获了一份快乐。39号码头就是这样一个轻松自在的地方，只要你愿意，多一个转弯，或许就能多收获一份意外的惊喜。用餐过后，我们决定从另一条路离开39号码头，却被眼前成群海狮晒太阳的壮观景象惊呆了。港湾里，原本应该停泊船只的地方，铺设了许多木板，一大群海狮自在地躺在木板上。它们无视于岸上兴奋

过度的观众，自顾自地享受着又一个阳光午后。据说，39号码头是全美国惟一一个能在如此近的距离观察海狮的地方，更神奇的是，十多年前，是海狮自己选择了39号码头作为栖居地，并没有任何人为介入因素，一个能让动物也爱上的地方应该够甜蜜吧？

▲渔人码头。

▲渔人码头。

PIER 39
Elevator
HAND
MIND
GAP

GRACE
WOODS
Roland

爱、混乱和美食

▲离开 39 号码头，旧金山的甜蜜美食之旅还在继续。继续沿着码头仓库往东走，在 29 号码头附近有几座临时搭建的大帐篷，一场世界上最热闹的晚餐即将在这里上演。

▲有没有想过在马戏团的帐篷里吃饭是什么感觉？Teatro Zinzanni 就用马戏团和高档餐厅的双重身份迷惑过许多人，包括我。站在 29 号码头的入口，我疑惑地看着眼前的大马戏帐篷，有些不知所措。这真的是餐厅吗？迟疑地推开大门，一位头上插着羽毛，穿得少到不能再少的性感小姐迎上前来，浓妆的脸上涂抹着灿烂的笑容："请问……"

▲"晚上好，我和 Zinzanni 夫人有约。"怯怯地回答，我看着四周夸张的室内布置，怀疑自己来到了另一个世界。

▲"是啊，来这儿的每一个人都和她有约，请跟我来。里面黑，请小心台阶，表演已经开始了。"

▲表演？不是晚餐吗？Zinzanni 夫人在哪儿呢？带着满腹的疑问，我在黑暗中坐了下来。一位盛装的男士为我点亮了桌上的蜡烛，还没来得及道谢，他突然变出了一朵玫瑰花！我的天！这里到底是什么地方？

▲灯光亮起，原来我和几百个人一起坐在一个大篷里，不，是坐在一个餐厅里，也不对，应该说是坐在摆满餐桌，布置得像餐厅的马戏大篷里。所

有人的脸上都写着惊喜，像我一样。刚才还站在自己桌边服务的侍应生突然就聚到大篷中央的空地上，载歌载舞地表演起来。然后，我们终于见到了Zinzanni夫人，就是全场穿着最华丽隆重的那位，她优雅地向所有客人致敬，并用美妙的歌声欢迎大家的到来。她还带来了爱捉弄人的Campbell先生、坏脾气大厨Jope先生、滑稽三人组Les Petitis Freres……

▲直到此刻，我才了解，原来Teatro Zinzanni是一场集歌舞、魔术、滑稽、杂技等多种表演形式于一体的盛大歌舞秀，同时也是一次新奇有趣的用餐体验。这种艺术形式来源于欧洲，最先于西班牙巴塞罗那著名的兰布拉大道上表演。三个多小时的时间里，从全世界各地选拔而来的优秀艺人毫无保留地展现自己的绝技，并用最夸张的方式调动观众的积极性，表演、美食和观众被神奇地融合在了一起。你会在大快朵颐的时候，突然被人请出去协助表演一个小魔术；或者惊喜地发现刚才还在台上的演员突然站在你身后扮鬼脸，并为你端上一道美味餐点……在Teatro Zinzanni，对于下一分钟会发生的任何事情，都不要感到太意外，因为他们的主题就是：爱、混乱和美食。所以，请大着胆子享受一次惊喜刺激的美食体验吧！这是只有国际化的旧金山才能呈现给游客的多姿多彩的甜蜜回忆。

▲ Teatro Zinzanni 的后台。

第一杯马蒂尼酒的微苦

▲离开充满美食诱惑的渔人码头地区，该往旧金山的高处去逛逛了。地势起伏的旧金山，有几处精彩的高地，富豪山（Nob Hill）无疑是其中最奢华亮眼的。从19世纪开始，这里就是旧金山的富豪们购置房产的首选之地。当时，加利福尼亚州的四大富豪先后在此建造了豪华的住宅，富豪山因此而成为名副其实的奢华之地，高高在上地俯瞰整个旧金山市区，犹如一顶宝石皇冠，耀眼夺目。虽然在1906年的大火中，这

里遭到了毁灭性的破坏，但随着20世纪四大顶级酒店的相继建造，富豪山又重现了往日的辉煌。

▲乘坐旧金山最具代表性的交通工具——缆车，造型可爱的维多利亚式缆车带着我们慢慢登高。一路上铃声叮当作响，骄傲地诉说着关于旧金山缆车的传奇。这项被载入美国国家级历史文物史册的惟一移动着的文物，已经在这个城市运转了超过130年时间。慢悠悠的缆车，慢悠悠地影响着这个城市的性格。这样的交通工具使人无法肆意加速、变道或超车，一旦有人心急了，铃声便会适时响起，仿佛在安慰着——慢一点，再慢一点。如今，缆车还在，可见旧金山仍然很好地适应着缆车所代表的慢速生活。既然如此，就让我们也放慢节奏，慢慢欣赏旧金山吧。沿着鲍威尔－海德线一路向上，我们去追寻关于旧金山的苦味记忆。

▲苦，总是让人联想到痛苦、苦难，无法令人喜欢。但有些东西天生是苦的，比如苦艾酒（Dry Vermouth）；有些东西必须由苦组成，比如马蒂尼鸡尾酒（Martini）。或许，这个关于旧金山之苦，大多数人还是乐于尝试的。

▲虽然存有争议，但旧金山人早已自豪地宣布，马蒂尼鸡尾酒属于旧金山：这款由杜松子酒（Gin）和苦艾酒调制而成的传奇式的经典鸡尾酒，据说最早是由旧金山的著名调酒师发明的。今天富豪山顶的马克·

霍普金斯酒店（Mark Hopkins）的"顶楼餐厅"（Top of the Mark Sky Lounge）因拥有100种马蒂尼鸡尾酒谱而成为时尚人士的朝圣之地。在此点上一杯经典马蒂尼，让苦艾酒的味道于舌尖轻柔嬉戏，微苦往事也从每扇有记忆的窗口浮现——二战期间，即将奔赴太平洋战场的士兵们在此与恋人告别，伤心的眼泪流下，又咸又苦。于是，"顶楼餐厅"又有了一个充满相思之苦的名字——"眼泪角"。

▲今天的"顶楼餐厅"，除了马蒂尼酒微苦外，早已

摆脱苦涩，成为全城最浪漫的地点之一。当第一缕朝阳欠身而入，人们聚集于此，等着观看整座金门湾被染成金色的壮观景象；当夜幕开始涂抹窗口，人们在此相聚小酌，看着整座城市浮现于灯海之上。无论白天与黑夜，马克·霍普金斯酒店的"顶楼餐厅"和它著名的马蒂尼鸡尾酒已成为旧金山的一个浪漫地标，恋人们争相选择这里作为求婚的浪漫纪念地。美景、美酒、美食、美事交相辉映，原来，旧金山的苦味也能让人如此念念不忘。

▲顶楼餐厅内景。

中国城的热辣之旅

▲从富豪山漫步而下，跨过鲍威尔街（Powell），你会为路上遇到越来越多的华人而感到吃惊。这说明，你已进入相邻的中国城地界。如今连外国人都知道中国的川菜很有名，所以旧金山的辣味与中国城、中国人以及中国美食相关。穿过位于格兰特（Grant）、布什（Bush）街交界处的中国城牌坊大门，我们仔细辨别着空气中飘来的每一种食物的气味，酸、甜、咸、香都不算特别，惟有辣味勾起了我们的食欲，因为那是中国城特有的。我们的“热辣之旅”在Shirley Fong的带领下开始了。

▲Shirley Fong的中文已经不怎么流利了，她关于中国文化的认识，是从小站在炉灶旁，一边品尝着爸爸做的中国菜，一边学习体会得来的。如今，她不仅是一位杰出的厨师，同时也是美食家和文化使者。

▲“要让外国人真正地了解中国文化，只有从中国的美食开始，这是我们的优势。”Shirley Fong是这么说，也是这么做的。她开设厨艺班，教外国人做中国菜；用英语写书，传播中国的历史与文化；更有意思的是，她开展了“徒步游览中国城”的旅游项目，带领好奇的各国游客参观中药店、菜市场，喝茶并品尝美食，换一个角度，让人们更深入地认识和了解中国城及其相关的历史往事。

▲“这里最早的中国移民大都生活得很辛苦，遭人

排挤和歧视，受到了许多不公正的待遇。但是，通过大家的努力，如今华人已经在旧金山占有重要地位。”原来，关于中国人和旧金山的往事也是辣辣的，引人泛泪。中国人总有不可思议的能力和毅力，光看中国城就能体会得到。中国城是整个旧金山市区很小的一块地域，在仅仅24个街区里居住着超过3万人。房屋和房屋之间紧紧地挨着，挤出了许多小巷和转角，宛若迷宫般，引人探索。寺庙和神仙们被请到了房屋的顶层，外国人认为这样做是为了更接近于天，但真正的原因只有我们这些同根同种的人能够体会了。

▲无论你在中国城的任何一个角落，都躲不开泛美金字塔那高耸的身影，代表先进和繁荣的商业金融区就在附近，和拥挤的中国城形成鲜明对比。但旧金山却不能没有中国城，否则关于它的所有介绍将短少一大段精彩的内容。中国城，就像是一味鲜辣调料，成为旧金山这道美食中不可缺少的点缀。

▲酸、甜、苦、辣。

▲四种味道，组成了一道叫做“旧金山”的美食。融合了来自世界各地的元素，旧金山创造出了属于自己的独特风味。就像那杯源于爱尔兰却最终在美国旧金山发扬光大的爱尔兰咖啡，当四味齐全，比例得当，奶油乖乖地漂浮于咖啡之上，味蕾上的旧金山终于完全地展现于人前。

▲旧金山的唐人街虽然拥挤，却是海外最大的华埠。

四海酒家

CBS
comcast
262號二十四小時數碼台
1 (800) 549-8018
世界電視
節目多元化
KMTP32 灣區無線32台
全新中文電視節目
www.worldchannelusa.com
查詢電話
中文影視台
World Channel Inc.
世界電視
全新衛星中文電視
24小時每週七天國粵語播出
安裝熱線 1-888-333-1688

Grand Ice Cream
Dreyer's
Edy's

City Kayak

EAT. DRINK. SURF.

The Devil's Dictionary

CENTER STAGE
CRYSTAL GEYSER

FULL MOON

San Francisco Sightse

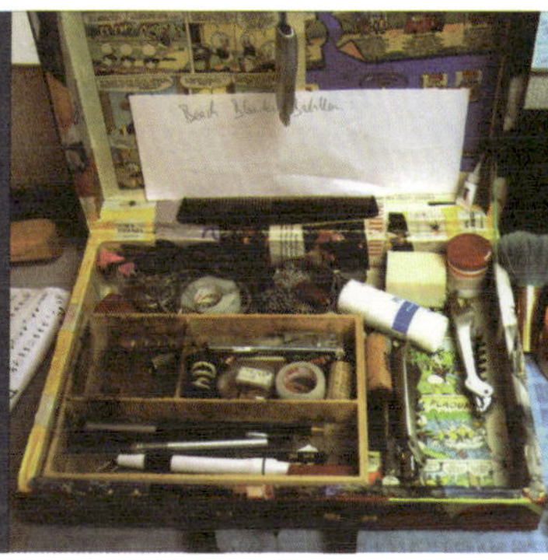

▲▲▲在路上，嚎叫

▲一日返程途中，我们在远天的云上看见了另一座城市的模样，林立的高楼清晰可辨，直到同行者脱口而出，我们才恍然大悟——是海市蜃楼！

▲随着旧金山之旅逐渐展开，我们发现，那个第一印象中的旧金山并不完全真实，就像这海市蜃楼，又像是金门湾里升起的大雾，太多甜蜜的、闪耀的光华容易遮迷了游人的眼。如果就此满足，那个真正的旧金山将在转身之后被遗忘。

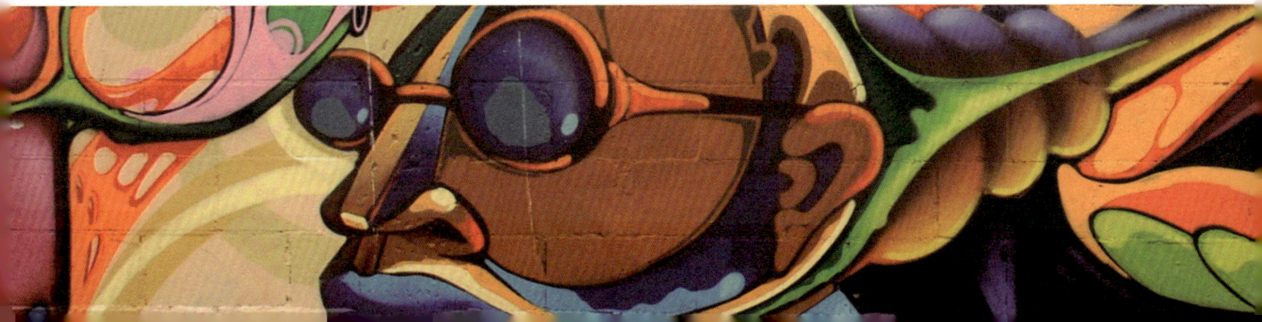

▲所以，我们决定深入旧金山市区，与它展开一场触及心灵的对话。我们要倾听旧金山最真实的声音。

▲当旧金山在时间的轨道上前行，是那些令人难忘的文字与音符勾勒出它在我们记忆中的模样。旧金山是美国著名作家杰克·伦敦的出生地，这座具有丰富质感的城市同时也为杰克·凯鲁亚克（Jack Kerouac）和“感恩者死”（Grateful Dead）乐队带来了激情勃发的创作灵感。旧金山是一座神奇的城市，它拥有令人惊奇的包容力，让各种与众不同的思想和艺术表现在此共存。这座城市最大的特点就是平等地为所有人提供创新的环境，让人们能够以全新的视角看待世界。正因为这样，随着我们的探索之旅逐渐深入，呈现在我们面前的旧金山也愈见深刻和多样了。

一代人的抢滩

▲旧金山的心灵之旅始于北滩（North Beach）。如今的北滩，并没有"滩"。19世纪70年代的时候，原先的海滩就被填埋，转做工业用途了。不过，这片曾经的海滩在19世纪50年代的时候为旧金山带来了大批的外来移民，智利人、爱尔兰人……但其中最主要的还是意大利移民。北滩与中国城毗邻，人们说那是因为中国人与意大利人都很聪明，懂得要靠海而居，以维持最基本的生活必需。久而久之，中国城旁边就有了一个"小意大利"。今天当你沿着中国城的主干道格兰特大街一路往北，不用人提示，任何人即使是第一天到旧金山的游客都能非常清楚地找到中国城与意大利人聚居区的界限所在——当你在百老汇街停下等红灯，路边的电线杆上开始出现意大利的国旗，而街对面的建筑陡地从满眼东方情怀瞬间转变为欧洲风味——精致的教堂、大胆的壁画、闪烁的霓虹，还有就是扑鼻而来的阵阵咖啡香气……怀疑自己身处欧洲？那很正常，因为这些意大利移民的确是把精致悠闲的生活方式一股脑儿地搬到了旧金山，并浓缩于从电报山（Telegraph Hill）到俄罗斯山（Russian Hill）之间的方寸之地。

▲北滩的意大利城。

▲金斯伯格自拍像。

▲无可否认，北滩的确是整个旧金山市最令人兴奋的地区，它代表着一种生活方式和态度，不仅仅是因为这里是出名的"小意大利"，更重要的是这里被视为"垮掉的一代"的发源地和大本营。

▲从20世纪20年代起，北滩的意大利人逐渐往其他地方迁移，北滩被"空"了出来，房租也随之不断降低，因此吸引了一大批放荡不羁的颓废文人。他们鄙视当局、讨厌工作、憎恨循规蹈矩，希望在高度一致令人窒息的社会中，活出不一样的自己。于是，他们终日做诗、饮酒、听爵士乐，酒精和浓咖啡迷乱了他们的神经。他们坚持我行我素，并在旧金山的北滩地区发现了自己的精神乐园。

▲1955年，"垮掉派"作家的先驱，诗人艾伦·金斯伯格搬到了旧金山北滩，并于第六艺术馆发表了自己的长诗《嚎叫》，他采用即兴的自由体爵士乐形式朗诵自己的作品，十分富于韵律感。在这首脏话连篇的诗中，金斯伯格吹捧了毒品、疯狂和同性恋，青年反叛者用这些来反抗由金钱、机器和战争主宰的社会。他怒骂道："我看见这一代最优秀的人物毁于疯狂，（他们）忍饥挨饿、歇斯底里、衣不蔽体，遭受着愤怒的打击。"这声嘶力竭的"嚎叫"就像一颗火

球在那个时代的年轻一代中炸开了，一场有着深远影响的文化运动也从此拉开了序幕。

▲1956年，由诗人劳伦斯·佛林格蒂等创建于北滩的“城市之光”书店出版发行了金斯伯格的这首诗歌。因为其中的过激言辞，金斯伯格遭到“猥亵罪”指控。诗人在辩词中说，他的诗歌符合早在《旧约》中就已存在的先知在荒野嚎叫的希伯来传统，他是在“用嚎叫来反抗疯狂的现实”。金斯伯格最终无罪获释，这一桩闹得沸沸扬扬的公案一时间倒成为对《嚎叫》的扩大宣传，它让全美上下对“垮掉派”文人关注了起来。

▲“垮掉的一代”这个词则出自杰克·凯鲁亚克，他

被认为是“垮掉派”作家的中坚力量，“垮掉的一代”的主要代表人物。在他的代表作，小说《在路上》中，他率先喊出了这个词——“你瞧，这就是垮掉的一代。”（You know, this is really a Beat Generation）。“Beat”这个词的意义原本模棱两可，不过，对于美国人来说却再清楚不过。这个词不只是令人厌倦、疲惫、困顿、不安，还意味着被驱使、用完、消耗、利用、精疲力竭、一无所有。它还指心灵，也就是精神意义上的某种赤裸裸的直率和坦诚，一种回归到最原始自然的直觉或意识时的感觉。简言之，它意味着“垮掉的一代”

情愿以一种并不耸人听闻的姿态驱使自己陷入困境。因为，他们是被打垮的一代，在奋力争取个人自由的过程中疲惫不堪。为了更好地“挖掘生活”，陷入困境能帮助他们保持所需要的高度清醒。

▲《在路上》完成于1951年，但在1957年才得以发表。这是一部奇书，作者声称他消磨在路上的时间有7年，但用于写这部小说的时间却只有3周。在这20天左右的时间里，作者通过马拉松式的不间歇打字来完成创作，期望通过这样的方式达到“刺激性写作”，他由别人喂饭，吞服安非他命驱除困倦，甚至，他坚信每打完一页就要换纸的动作会阻碍的他的文思，于是把纸张粘在一起，自制成一卷120英尺长的卷筒式打字纸。书中描写了一群处于社会边缘、不务正业的年轻人的经历，他们一有借口就横越美国来回奔波，沿途寻找刺激。不过，他们真正的旅途其实是在精神层面，他们寻求的也是精神领域的特定目标。爵士乐、东方神秘主义、毒品、对技术社会的

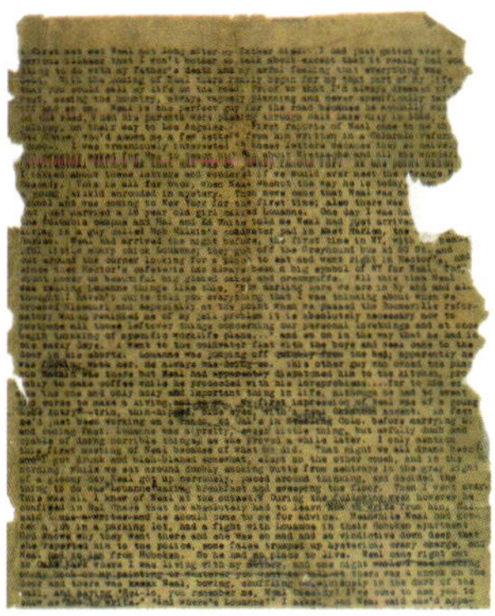

▲北滩街景。

▲用来写作《在路上》的打字机。

▲《在路上》手稿。

▲旧金山地标建筑之一：泛美金字塔。

NO TURN ON RED
RIGHT TURN ONLY
RIGHT TURN ONLY
THALIA
New Sun Hong Kong Restaurant
港酒家
un Hong Kong Restaurant
GRANT
BROADWAY
HOTEL
MONA
Coca-Cola
PIZZA
HAMBURGERS
COMFORT SHOES

▲北滩街景。

迷茫、对个性的追求，奇妙地结合在他们身上。就像书评家所说的那样：小说《在路上》是对“垮掉的一代”最清晰、最重要的表述，被奉为“垮掉的一代”的信仰声明。

▲“垮掉的一代”的重要意义在于他们身上那种彻底的反叛精神，一种在哲学、人生观、文字的表达范围与方式上的全面反叛。作为一群在新的文化和政治背景下生长起来的年轻人，他们用自己的肉体和饱经创痛的大脑谱写出了美国文学和文化发展的新篇章。当物质的魔掌一点点侵蚀人的精神家园的时候，“垮掉的一代”选择了一种没有道德和文化禁忌的新的生存方式，试图唤醒在权力阴影下人们逐渐麻木的舌头与神经。

▲他们四处流浪，没有固定的职业与收入，足迹几乎遍布全世界。他们在流浪中解决困惑，在流浪中寻找异质的自我表达，也在流浪中使自身作为个人与文学团体走向灭亡。“垮掉派”的重要成员几乎都是同性恋者，这形成了一个独特的文化圈子。他们在一种互爱的气氛中讨论美国的现状、诗歌、艺术、音乐与神秘的东方宗教。“垮掉的一代”对东方产生了兴趣，甚至读起了老子的《道德经》，这些都对后来的嬉皮士运动产生了最直接的影响。

▲“垮掉派”利用毒品来催生幻觉、支持写作和排遣人生烦恼。毒品能够帮助他们展开想象，改变意识。他们在每次吸毒后，都会互相交流彼此的幻觉历程，使他们的作品中不断出现放大、扭曲、超然的形象。

▲“垮掉的一代”对抗社会最直接的方式是裸露。在文章中，他们把身体的裸露作为一种美学标准，一种个人对社会态度的象征。在现实中，他们也坚持使艺术与行为同行。金斯伯格在1955年的一次诗歌朗诵会上全身脱光，凯鲁亚克赤身裸体生活在山洞中。他们想象自己是爱与和平的天使，洁白而神圣，他们在世间的任务就是打扫灰尘。

▲“垮掉派”在当时而言，是一场悲剧。他们被看作疯子、危险分子而被关进监狱、精神病院，一些人莫名失踪，一些人早亡，还有少数人继续对抗。不过，他们的反叛精神得到了后来人的继承，并在60年代引发了一系列反主流文化运动——嬉皮士运动、性解放运动、女权主义运动等等。“垮掉派”明确地告诉后人：叛逆应是青年人的灵魂。叛逆的作用在于当一种潮流向错误方向迅猛发展时，起到阻遏作用；当潮流的主方向过于单调的时候，提供更多新的选择。

▲这些都是属于旧金山这座城市20世纪50年代的往

事。如今站在北滩街头，迟钝一点的人很难再感受到那个年代如潮水般抑制不住的激情澎湃。仅剩的一点涟漪就在百老汇街（Broadway）和哥伦布街（Columbus）的交界处荡漾着——由劳伦斯·佛林格蒂和比得·马丁创建的“城市之光”书店（City Lights）至今仍优雅地当街而立。“城市之光”顶着许多美丽的光环，它是书店的先驱、美国最早的平装书书店，是美国文学的一个里程碑，也是当年“垮掉派”文人聚会的地方。“城市之光”的名字取自于查理·卓别林的同名电影，希望能反映小人物与冷酷世界间的对抗。书店共有地下与地上三层，屋子里几乎所有的空间都尽力塞满了书，你会在这里发现许多有趣的东西——涂鸦似的画像、游行用的标语牌、简易装的自制小册子，最大的发现莫过于在通往三楼诗歌室的楼梯墙面上看到了中国诗人北岛的字迹……书店临街的玻璃橱窗里满是关于“垮掉派”作家的一切——来历、故事、作品、图片，不知是用来铭记还是提醒。当时间朝着21世纪前进，“垮掉的一代”身影正日渐模糊……还嫌怀旧得不够过瘾？书店一旁的小巷就叫做“杰克·凯鲁亚克”，穿过它，到当年“垮掉派”作家们经常光顾的维苏韦咖啡馆（Vesuvio Cafe）去小坐一下吧。夸张的外墙彩绘让你绝对不会错过它，墙上有一首小诗，等着你去猜测是出自哪位诗人的手笔。

▲“城市之光”书店面对着设计奇特的哥伦布大街，这条街呈对角线斜着切入你的视线，由于它的奇特存在，造就了这一地区许多三角形街角和建筑物的出现，这样的街道风貌竟和巴黎有些相似，旧金山也因而更多了几分优雅的欧洲气息。

▲"城市之光"书店及它的邻居。

CITY LIGHTS BOOKSTORE

VESUVIO CAFE
WHEN THE SHADOW OF THE
FALLS ACROSS THE TRAIL OF THE
ON GREEN AND SLIMEY GRASS
ABOVE THE WESTERN HORIZON
A GAUNT AND TAUTLY MUSCLED INDIAN
PERCHED WITH BOW AND ARROW COCKED
STRAIGHT AT YOU ITS TIME FOR
ART
COCKTA

电报山，大地在颤抖仿佛空气在燃烧

▲北滩往东，地面陡然升高，那是电报山。耸立于山上的考伊特塔（Coit Tower）是旧金山的城市标志之一。在这里，整个海湾一览无余。考伊特塔兴建于1933年，资金来自于考伊特夫人的遗产捐赠。这位考伊特夫人从小便是消防员的忠实拥护者，有传说是因为她在幼年的时候曾经在一次火灾中得到过消防员的救助。她爱好穿男装和消防员一起打牌、喝酒，她主动参加城内的每一次救火行动，这些古怪而可爱的行为受到了旧金山人的喜爱，考伊特甚至还成为消防公司的荣誉成员。后来，她嫁了一个富有的丈夫，也因此能在临终之时慷慨地捐助建造了考伊特塔。人们说那座塔看上去像消防水管的喷嘴，无论如何，考伊特夫人与这座塔一起在旧金山的城市历史中留下了印记。

▲塔内现陈列着19幅杰出的壁画作品，反映的是1934年间加州的生活情景。这些壁画的创作源自一个公共事业艺术工程的实验性项目，其目的是在美国经济大萧条期间为艺术家们提供工作——25位画家和19名助手以每小时1美元的酬劳在这座刚刚建成的塔内空荡荡的墙壁上进行创作，壁画的内容形式毫无限制，但奇特的是，所有的画家坚持以墨西哥壁画家迪亚哥·瑞维拉（Diego Rivera）的风格进行创作，这就使壁画的风格得到了空前的统一，现在来看塔内的这些壁画，就好像是由一个人而不是25位画家创作完成的！

俄罗斯山，向左走、向右走

▲步出考伊特塔，城市的另一个制高点俄罗斯山正与你遥遥相对。这是一个充满诗意的“高度”所在。陡峭的坡度使台阶有了用武之地，人们在这里建造起许多独具特色和品位的房屋以及花园，山上的麦肯德雷巷至今被认为是居住的绝佳之地。而当年，杰克·凯鲁亚克就是在这里的卢塞尔街29号完成了《在路上》的创作。当地的居民很注意保护俄罗斯山的视野环境，20世纪后，许多高层建筑物开始在山上出现，遮挡住人们欣赏风景的良好视野。居民们

自发地组织抗议，直到政府下令禁止所有楼高超过40英尺的房屋在此地建造，这样的保护意识使得今天的俄罗斯山很好地保留了安静、祥和，如诗如画的居住氛围，这里也成为了众多电影青睐的拍摄场景。

▲到俄罗斯山，就绝对不能错过龙巴大街（Lombard Street），特别是从海德街到莱温沃斯街的这一段，斜坡27度，非常陡。为了防止交通事故，人们在此设计了8个之字型弯道，于是龙巴大街这条“世界上最曲折的街道”之名便由此而来。参观龙巴大街一定要坐在车上，从龙巴大街的高处往下行驶，亲身感受一

下这条别致的道路。如今，龙巴大街这条非常考验驾驶者车技的道路早已成为旧金山城市的热门景点。于是又一个问题产生了——每个月，将近有6万多辆车排队等着从龙巴大街经过，所以除了堪比蜗牛的速度和一个接一个弯道，你已经体会不到多少惊险刺激的感觉。春夏之交的龙巴大街最为漂亮，车道两边的花坛种满了玫瑰，街道两旁的住家也大都在门口栽满了花草，等你从这段弯弯曲曲的道路上驶下，千万记得在离开前停留片刻，从下往上回望，“花瀑”飞流直下，车流如洪而来，我相信你已经得到了在旧金山最特别的留影之一。这条有趣的道路还有一个好听的中文名字，叫做“九曲花街”。

▲九曲花街。

黑特－阿什伯利，悲观主义的花朵

▲一路的美景并没有让我们忘记此行的目的，随着这场心灵之旅的不断深入，我们开始往这座城市的中心地带接近。司机突然哼起了歌，是一首曾经脍炙人口的老歌，名字就叫做《旧金山》：

如果你到旧金山去，

别忘了在头发上戴朵花。

如果你到旧金山去，

你会在那里遇到一群善良的人……

If you' re going to San Francisco

Be sure to wear some flowers in your hair

If you' re going to San Francisco

You' re goanna meet some gentle people there

…

▲这首由司各特·麦肯基（Scott McKenzie）主唱的歌曲，在20世纪60年代被奉为嬉皮士（Hippies）的圣歌（喜爱佩花是嬉皮士的特征之一），是那个时代的真实再现。而我们，正在往嬉皮士的大本营——黑特－阿什伯利区（Haight–Ashbury）的路上。

▲旧金山的故事随着时间的流失也在往前推进着，"垮掉的一代"和50年代一起归于沉寂，但他们放荡不羁的生活态度影响了许多人，这其中也包括嬉皮士。

▲《简明不列颠百科全书》上这样解释嬉皮士："嬉皮士，是指生活在既定的社会之外的不顺从的年轻人。其特点是他们寻找一种非唯物主义的生活方式，偏爱奇异服装和发型，常服用引起幻觉的麻醉剂或大麻。嬉皮士一词始见于20世纪60年代。" 一提起"嬉皮"运动，在不少人的印象中，它就是一种颓废、

堕落的反文化运动，尤其是对当时毒品以及性的泛滥起到了推波助澜的作用。

▲这也许只看到了"嬉皮"运动的一个侧面。"嬉皮"运动实际是19世纪50年代"垮掉一代"的一个变种延续，是美国60年代"反文化"运动的一个主要组成。60年代，美国经济开始飞速增长，对于未经历过二战的新一代美国年轻人来说，他们不用劳动就轻而易举地实现了他们父辈辛苦一辈子所追求的"美国

▲黑特街上的小店。

▲嬉皮士，是指生活在既定社会之外的不顺从的年轻人。其特点是寻找一种非唯物主义的生活方式。

梦”，但是，丰富的物质生活却未能带来丰富的精神生活，相反他们亲身经历了一次又一次梦想与现实的冲突——越战、肯尼迪总统遇刺、马丁·路德·金遇刺以及“水门事件”……在失望之余，他们开始反抗，去追求一种比目前生活方式更美好的东西，以充实精神世界。他们主张仁爱、反对暴力，提倡和平主义、利他主义。这种思想也是和当时人世的冷漠、战争的危机和尔虞我诈的社会现实相对应的，因而是反主流的理想主义。由此可见，早期“嬉皮士”是一些很有素养和理想的青年。决非人们想当然的那些肮脏邋遢、衣衫褴褛、吸毒成瘾、逃避现实、性变态的流氓。他们留长发穿奇装异服，是为了排斥当时美国光洁整齐的假象。这等于排斥美国社会及其观点、立场，这种做法等于在说：“我不愿成为你和你所代表的观点的附庸。”

▲这种消极的反叛现在看来毕竟有些幼稚。由于这是一场自发的“群众运动”，没人能控制其发展规模、方向，所以“嬉皮”运动以美国旧金山的黑特－阿什伯利区为中心，以势不可挡的威力席卷全球，对整个世界的文化形态及生活方式都有着深远的影响。

▲“嬉皮”运动与摇滚乐紧密相联，首先是来自英伦的“甲壳虫”乐队在美国引起了极大的轰动，如今你仍然可以在黑特－阿什伯利区的纪念品商店里轻易地发现与他们相关的各类物品。然后，迷幻摇滚开始在美国西海岸风行，“杰佛森飞船”（Jefferson Airplane）和“感恩者死”就是两支出自旧金山的热门乐队，他们同时也是“嬉皮”运动的倡导者，用音乐歌颂着和平、博爱。

▲“杰佛森飞船”成立于1965年。那时，当你走在旧金山的大街上，常常能看到在汽车前保险杠上写着这样的标语：

“杰佛森飞船爱你们。”最初人们感到莫名其妙，而这正是“嬉皮”运动的开端，迷幻年代的开始。在他们的早期作品中，既能看到他们宣扬博爱、反对战争，又可以看到他们对毒品的体验。

▲1967年，也就是在杰克·凯鲁亚克发表《在路上》的10年之后，“嬉皮”运动历史上最著名的历史事件之一，“爱之夏”（The Summer of Love）在旧金山黑

▲“嬉皮”运动与摇滚乐紧密相联，首先是来自英伦的“甲壳虫”乐队在美国引起了极大的轰动。

▲成立于1968年的“杰佛森飞船”乐队。

▲黑特－阿什伯利的街头涂鸦。

THOSE
FIGHT
well-being for all!

THE NATIONAL MAGAZINE OF ENTERTAINMENT
FEBRUARY 1977
$1.50
AFTER DARK
LEONARD COHEN
GINGER ROGERS
DINA MERRILL
GEORGE GRIZZARD
BODYBUILDING: THE NEW PERFORMING ART
GOVERNER LOOK!
GIRLIE MAN'S
"Soft CORE"
Gay
PORN!
ARNOLD
ARZENEGGER

▲橱窗里的现任加州州长。

▲墙上的前任美国总统。

特－阿什伯利区举行，活动邀请全世界来分享优美的电颤琴音乐。“杰佛森飞船”的成员在这次活动中向众人呼吁：“让我们走到一起，加入这个充满微笑与爱的行列。”作为旧金山的第一支“嬉皮”迷幻乐队，他们从一出现便扮演着先锋的角色，引起了全美国嬉皮士们的注目。

▲“感恩者死”乐队也是在“爱之夏”活动中出名的，同“杰佛森飞船”相比，他们的音乐实验色彩不强，但乐队在配器中加入了一些能渲染迷幻效果的乐器，大大丰富了音乐的结构。无论是“感恩者死”还是“杰佛森飞船”乐队，他们都企图通过音乐传播嬉皮士的理想，但令人遗憾的是，这种特立独行的生活方式同时也吸引着越来越多的“伪嬉皮士”以及一同而来的流浪汉、精神错乱者、毒贩甚至是暴力罪犯，嬉皮运动在这样背景下逐渐走向消亡。

▲如今，走在黑特－阿什伯利区的街头，已经很难再看到真正的嬉皮士了。有的只是装酷却无知的年轻人，对这段历史一知半解却也前来朝拜的观光客和贩卖历史的无聊纪念品商店。如果你足够幸运的话，偶尔还能在屋角墙缝间发现当年一星半点的蛛丝马迹。但如果你并不理解什么是真正的“嬉皮士”精神，便只会对美女大腿做的店招和昏暗商店里出售的壮阳药以及形状奇特的水烟壶感兴趣。红色维多利亚旅馆（Red Victorian）如今是一座纪念“爱之夏”活动的小型展览馆，在这里你可以对当年的活动有更直观的了解。黑特－阿什伯利区免费医务室（the Haight–Ashbury Free Medical Clinic）是为当地采用嬉皮方式生活的人群提供无偿医疗帮助的地方，透露着当年的嬉皮士们类似共产主义的理想观念。在黑特街1535号你能发现世界上最早的“毒品店”，离它不远处的街角则是一家无政府主义书店。你还可以去阿什伯利街710号看看，当年“感恩者死”乐队在此因吸毒而遭到逮捕。最后值得一提的是，整个黑特－阿什伯利区有1000多座古老的维多利亚式建筑，值得你仔细品味一番。

▲1967年，“嬉皮”运动史上最著名的事件之一：“爱之夏”音乐节。

▲“感恩者死”乐队的现场演出。

卡斯特罗，阳光下的爱

▲我们的探索之旅终于深入到旧金山市最南端——卡斯特罗区（Castro），这里是全美同性恋者心目中的首都。20世纪70年代，大批的同性恋者涌入该区，那10年里，旧金山这座包容的城市通过了同性恋权益法案，卡斯特罗的街头飘起了标志性的六色彩虹旗，同性恋者决定从此抬头挺胸，不再隐瞒自己的性取向。他们在旧金山和众人一起平等地呼吸这个城市的空气，并骄傲地展示着自己在时尚、艺术等许多领域的卓越才能。每年10月的第一个星期天，同性恋者便会在街头聚集，参加卡斯特罗区一年一度的街道集会活动，为自己争取更多的权益，也唤起政府乃至世界对艾滋病及其他严重问题的重视。

▲卡斯特罗区独立而幽静。主干道卡斯特罗街的两

边一字排开设计夸张，色彩浓烈的商店、酒吧和餐馆，请记住带着尊重和理解去卡斯特罗，不要对这里的一切流露出过多的好奇与惊讶。

其实，抛开生活在这里的人们特殊的性取向，卡斯特罗区是一个充满艺术感染力的地方，一定会给你带来与众不同的体验。

▲从北滩，到黑特－阿什伯利，再到卡斯特罗，我们感受到了旧金山超乎想象的强大包容力，所有一切在其他地方看来叛逆、违法、不合常理的事物都能在这个城市找到继续生长的土壤。也只有旧金山这样的多元文化砖石建造起来的城市才能够对所有文化表现出极大的耐心和包容。倾听旧金山的心声，我们找到了这个地方为何能如此吸引人的最重要原因！

FREE PERSONALS sfbaytimes.com
4月6日 星期五
達遊假期
HWY #288, Burlingame, CA 94010 Web:www.7happiness.com
-697-918
・吃遍美食・玩得盡興・住得舒適・絕對超
中國超値遊行程特色

Line 33

UNICO

529

HELL YES!

DEMAND

SAN FRANCISCO
BREWING
COMPANY
WE
MAKE
IT
HERE

HOTEL

RE
CH MORE!
Swipe
ATM
OPEN

▲▲▲流言・传奇

▲初相识的旧金山总是那么客客气气，把最完美的一面呈现于你眼前。那是个早已被设计好的旧金山，少了点意外的惊喜和独特的感受。就好像最亲近的朋友之间，若没有点只属于彼此的窃窃私语、口耳相传，那感情总觉得少了点调味。匆忙的过客能够满意地看到一个高大但疏远的旧金山；那个亲近而隐秘的旧金山却只属于愿

意和旧金山亲近的人们。就像那句老话：“在旧金山，如果你走累了，随时都可以靠在它身上闭目小憩”……▲于是，在那个昏昏欲睡的午后，旧金山费尽力气才从她上衣右边的一个夹层口袋里掏出一段满是褶皱的往事。这段故事早已发黄黯淡，甚至差点就被遗忘在那不为人知的隐蔽角落。旧金山趴在我耳边，娓娓道来、绘声绘色，我也因此惊喜地拾到了一个关于旧金山的有趣故事 —— 一个美国历史上绝无仅有，空前，也是绝后的“皇帝”的故事……

诺顿一世，美国皇帝和墨西哥保护者

▲1859年10月，《旧金山快报》收到了一封特别的"诏书"，一位名叫约书亚·诺顿的人宣布自己成为美国和墨西哥的皇帝。他在诏书里这样写道："根据大多数美利坚合众国公民的请求……我，约书亚·诺顿，宣布自封为美利坚合众国皇帝。我并且命令当局……立即改变联邦现有的法律，改良奴役国家劳动者的恶法，使其从此重回生存之信心，并在国内国外，都感受到我国的稳定和廉正。"诏书的署名是"美国皇帝诺顿一世"。更令人惊讶的是，第二天，这份荒唐的诏书真的被刊登在了《旧金山快报》的头版上。于是，旧金山诞生了一位"美国皇帝"。

▲"诺顿一世"原名约书亚·亚伯拉罕·诺顿，出生于英格兰，两岁时随父母移居南非。1849年30岁左右的诺顿在继承了父亲的4万美元遗产后移民美国。来到美国后，他先是在商界混了一段时间，很快便成为知名富商，并拥有大笔财富。但他生性喜爱冒险，竟把所有的财产都押在了一笔大米投机生意上，结果生意失败，他也破产了。在失踪几个月后，诺顿回到旧金山。谁也不知道他曾去了哪儿，做过些什么。他回来了，看上去有些呆滞，不知道是否疯癫，但他接下来的举动可以认为是美国历史上少有的"疯狂举动"——宣布自立为帝。

▲身着"皇服"的诺顿一世。

▲黄袍加身，自立称帝的故事在中国历史上多到不胜枚举，但这是在美国，一个从未经历过皇权统治的国家。对美国而言，皇帝既是过去时代的陈旧产物，同时也是令人好奇的新鲜名词，所以尽管美利坚合众国不需要一个皇帝，但是美国人，尤其是旧金山人却高高兴兴地接受了这样一个没有实权的"皇帝"。于是诺顿就这么顺利地成了"诺顿一世皇帝"，成了美国和墨西哥的"保护者"。

▲作为一位"皇帝"，诺顿一世算得上"励精图治"，"勤政爱民"：每天人们都能看到他穿着"皇服"在街

上视察，监督市政设施的修建，监督警察的工作，并经常发表各种演说。如果他发现市政设施不足，他就命令加以改进。如果税率太高，他就命令降低。如果臣下不执行他的命令，他有时也会挺身而出。当时旧金山经常出现针对华人的骚乱，诺顿一世在一次巡视中就遇到了这样一起反华骚乱。传说他为了平息骚乱，跑到骚乱者和华人中间背诵《圣经》并反复祷告，最终使暴徒羞愧散去。这些善意的举动使他受到了人们的尊敬。

▲诺顿一世努力地进行着“内政外交”：1859年10月12日，他以腐败盛行、当今政府不能保护公民生命财产为由，下诏宣布解散美国国会。1860年1月，他听说议员们“抗旨”继续在华盛顿开会，便下令美国军队总司令斯格特将军派兵前往国会大厦驱逐“叛党”。美国军队也“抗旨”，于是他在那一年的7月颁布诏书宣布解散共和国。而此时的共和国也的确处于濒临解散的状态——南北战争即将爆发。他又命令林肯总统和南方联盟的杰斐逊·戴维斯总统到“御前”来和平解决争端。他们两人全都“抗旨”，内战终于爆发。在内战爆发后，诺顿一世曾向林肯总统表示过他愿意派“御林军”援助联邦政府，林肯总统礼貌地答复说将把他及其队伍作为后备力量。此外，诺顿一世还给世界各国的政府首脑写信提供种种忠告，他曾多次写信给英国的维多利亚女王，而据说当时夏威夷国王就对诺顿一世表现出来的智慧极为佩服，甚至不愿再与美国国务院打交道……

▲诺顿一世还可算是一位目光远大的皇帝。1869年，他颁布诏书下令臣民资助当地一位姓马里奥特的发明家研究“空中机器”，那时距离莱特兄弟成功制造人类第一架飞机还有30多年的时间；他向其他国家领导人提议组成“国联”，以和平解决国际争端——1919年，根据《凡尔赛条约》果然成立了一个名称、功能都和他的提议一模一样的国际机构，但是此时各国领导人都不知道他们是在实现一个叫做“诺顿一世”的”美国皇帝“的遗愿。在1869年和1872年，诺顿一世两次呼吁修建一座连接奥克兰角和哥特岛的大桥，并且要确保大桥成为最好的工程，同时也要不损害旧金山海湾的航道。和大多数旨令不同，这个旨令最终被“执行”了。1933年至1936年间，横跨

▲诺顿一世曾两次呼吁修建一座连接奥克兰角和哥特岛的大桥。

旧金山湾的旧金山—奥克兰海湾大桥（Bay Bridge）建成。1969年至1972年间，湾区捷运（旧金山地铁）连接旧金山和奥克兰的湾区隧道也被打通了。

▲很明显，诺顿一世在旧金山得到了市民的爱戴和尊敬，并因此得以享受一些属于“皇帝”的特权。虽然身无分文，但他是当时旧金山几家最好餐馆的常客，可以在那里免费就餐。这些餐馆也荣幸地挂上黄铜匾宣称：“美利坚合众国皇帝诺顿一世指定餐馆。”旧金山的剧院和音乐厅等都会预留位置给诺顿一世和他的两只“皇犬”——Lazarus和Bummer（顺带一提，1863年Lazarus被旧金山消防车辗死，公众曾为此进行过哀悼。1865年，第二只狗Bummer病死，作家马克·吐温甚至为“皇犬”撰写墓志铭，说它：“得享天年、荣誉、疾病和跳蚤”）。他的“皇宫”——一间肮脏、窄小的公寓房间的租金，也由共济会替他支付。在他的“皇服”过于破旧时，市政府还为他订做了一套崭新的皇服，并举行盛典转交给他。在自行车开始流行时，市政府曾出资购买了一辆让他作为“龙辇”……诺顿一世偶尔为了支付某些债务而发行自己的纸币，在旧金山被商家和银行普遍接受。这些纸币通常面值由50美分到10美元不等，他从未由于贪婪而发行大量或大面额的纸币，这也是他的纸币被人接受的原因之一。当时的美国正处于南北战争期间，南北双方政府都发行纸币，并且纸币的价值随着双方战事的胜败而起伏。但在旧金山，诺顿发行的纸币是当时惟一不会贬值的。1870年，美国进行人口普查，关于诺顿的记录中，职业一栏清清楚楚地写着：“皇帝”。

▲1880年1月8日，诺顿一世在前往自然科学院演讲途中，因中风“驾崩”。两天后，他躺在由当地商人协会捐赠的上等玫瑰花棺木中于共济会墓地下葬，约3万人参加了葬礼，送葬的队伍长达3公里——据称这是旧金山历史上最隆重的葬礼。如今，他的墓葬位于旧金山林地陵墓（Woodlawn Cemetery），人们还可以在大理石的墓碑上清楚地看到：“诺顿一世，美国皇帝和墨西哥保护者”。

▲“诺顿一世”，这个在名义上统治美国21年的“皇

▲海湾大桥旁用废旧工业材料制成的雕塑。

帝”，创造了美国历史上荒诞而绝无仅有的事件。这样异想天开的举动放到世界上其他任何一个地方，都会被认为是精神错乱，只有旧金山，这座有着无比开阔胸怀与包容心态的城市接纳了这个“皇帝”，让他为属于旧金山的精彩故事增添了不一样的色彩。甚至在诺顿皇帝去世许多年以后，还有人在为这个皇帝存在的合理合法性求证着，1980年——诺顿一世逝世100周年，旧金山当地举行了许多重大的纪念活动，从这个城市的记忆角落重新翻出逐渐湮没于历史之中的皇帝故事，兴奋地告诉更多的人……

▲旧金山还趴在我的耳边絮叨着，越说越兴奋，她告诉我要到哪里去寻找“诺顿一世”留下的痕迹。

▲旧金山著名的巧克力制造商加拉迪尔巧克力公司，有一种名为“诺顿皇帝”的产品，里面有两只香蕉和儿枚坚果。公司另外还有“诺顿皇帝”糖果。

▲位于奥克兰的旧金山面包公司一直在生产一种名为“诺顿皇帝发酵快餐片”的面包。

▲在北滩，你可以找到由旧金山酿造公司生产的慕尼黑风格的“诺顿皇帝强麦酒”。

▲……

▲更令人惊奇的是，2004年12月14日旧金山媒体宣称，诺顿一世曾经呼吁在旧金山和奥克兰之间建造一座桥梁，这一建议最终得到了采纳，并且旧金山市议会还批准了要求将旧金山－奥克兰海湾大桥新桥以诺顿命名的动议。《旧金山纪事报》的政治漫画家菲尔·法兰克在他的漫画中首先提出这个想法，他坚持认为：“如果能以诺顿皇帝这样鲜明而有趣的历史人物命名我们的大桥无疑是非常合情合理的，因为我们（旧金山人）可能是这个国家里惟一有可能做这些事情的人们……我们将让那些被旧金山的自然美景吸引而来的游客，带着一个独特有趣的历史故事离开。”

▲诺顿一世“治下”的旧金山。

▲艺术宫——1915年巴拿马太平洋世博会保留下来的惟一建筑。

关于电影的记忆

▲当天下午，我和乔恩·亨得利（Jon S. Handlery）先生分享了这段属于旧金山的有趣逸闻。作为一个土生土长的本地人，乔恩对于诺顿皇帝的事迹也不甚了解，毕竟相隔了一个多世纪，但他兴致勃勃地回忆起更多从祖辈那里听来的细节，呵呵不断的笑声回荡在他的办公室里。乔恩是位于旧金山市中心联合广场（Union Square）旁亨得利酒店的总经理——这是一家当地知名的家族式精品酒店。酒店本身已有百年历史，而亨得利家族拥有这家酒店也已超过半个世纪。作为这个家族的第三代接班人，乔恩于1987年起全面接手酒店的管理工作。在那之前，他从底层做起，几乎做遍了这个酒店的所有岗位——前台、客房、预订……终于凭自己的努力升到了今天的位置，而在进入酒店工作之前，他早已拥有了康耐尔大学酒店管理专业的本科学位。但如此长期的繁重工作并没有塑造出一位不苟言笑的工作狂，在我面前坐着的绝对是一位爱笑的“大孩子”，他主动向我展示自己的骄傲收藏——整整两面墙壁的古董级电影海报，上面还有珍贵的明星签名！他如数家珍地向我细数其中的故事，这幅是哪年买的，值多少钱；那幅是怎么得来的，如何不容易……话匣子一打开就再也合不起来了。于是，我们的话题从旧金山的逸闻转到了那个大银幕上的“明星”——旧金山。

▲虽然洛杉矶与旧金山同属一州，但这并不妨碍旧金山成为电影工业的又一个中心。因为旧金山宜人的风景和独特的气质常能激发导演们的灵感，也成为众多电影外景地的首选。还记得我们第一天到达旧金山的时候，出租车司机开到一半突然调头、绕道而行。一问才知道，我们遇到了正在街上拍摄外景的剧组，所以道路被封。看着司机的轻描淡写，我们很好奇要遇到过多少次类似的情况才能够让他对此习以为常，满不在乎？“一个月要好多次呢！”司机解开了我们的疑惑，“很多这样的剧组”。是呀，只要细

▲乔恩收藏的老电影海报。

数一下近几年的电影作品，你能在各种类型的电影里发现旧金山的“身影”：泛美金字塔、金门大桥、恶魔岛……旧金山有太多独特的标志性建筑，很适合出现在电影中，这也是为什么它会如此“片约不断”。就“出镜率”而言，旧金山绝对算得上是一位“大明星”！随便翻开某一年的热门电影名单，总能在其中找到和旧金山相关的制作：《007之雷霆杀机》、《石破天惊》、《修女也疯狂》、《禁欲40天》、《旧金山杀人狂》、《逃离恶魔岛》、《X战警3》、《追击幸福》、《十二宫》……随着时间的推移，这样的列表毫无疑问会越来越长。

▲其中值得一提的是最新加入名单的电影《十二宫》。这部由曾经执导过《搏击俱乐部》和《七宗罪》的著名导演大卫·芬奇担纲的最新作品入围了第60届法国戛纳国际电影节。影片描述了上世纪六七十年代发生在旧金山的一个真实案件，一名自称“十二宫”的杀手给当时的美国社会造成了极大的恐慌。他杀人如麻，甚至连孩子也不放过；他智商极高，难以捉摸，善于制造谜题，将司法制度与法律权威玩弄于股掌之间。因为这名罪犯至今仍逍遥法外，关于他的一切猜测也只能以猜测告终，这就给小说家、编剧和电影人留下了很好的故事题材。巧合的是，当时只有七岁的大卫·芬奇就曾生活在这个名叫“十二宫”的隐形杀人狂的梦魇之中。大卫·芬奇回忆起当时的情景：“如果你是在那个年代的旧金山长大，你的童年就一直浸透在恐惧里——他选择了我们的校车怎么办？他就在我们身边怎么办？现在回想起那个时候的想法确实有点幼稚，但孩子就是孩子。我在旧金山的马林县长大，现在，我知道罪案发生的地方离我挺远的，但当你还是小学生的时候，缺乏的正是这种理性的思考，那个时候的我只想着一件事——他将出现在我们的学校里。我还记得孩子们在谈论这个杀手时所流露出的恐怖表情，‘十二宫’这个名字代表恐怖，一直伴随着我童年的记忆。”

▲就是这样的戏剧性情节使旧金山变得丰富起来，充满故事的旧金山理所当然地受到电影人的喜爱，而旧金山也表现出它对电影的极大热情。旧金山拥有自己的国际电影节——旧金山国际电影节，它是美国创办最早的国际电影节之一，于1957年由一家电影院的经纪人欧文·莱文创办。之后每年在旧金山举行，为期两周。旧金山国际电影节号称美国西海岸的两大国际电影节之一（另一个是洛杉矶影展）。按章程规定，世界各国参加比赛的故事片只限一部。电影节的最高奖项为“金门奖”，2006年，中国香港导演陈可辛的《如果·爱》成为该电影节的开幕影片。

饼干和布鲁斯

▲电影的一项重要作用就是将现实转变成故事；但有时候，精彩的生活情节本身就像是从故事转变而来。在旧金山我们就曾遇到过这样一对经历丰富的华裔夫妇，听到了他们和旧金山相关联的有趣故事。

▲那天晚上，我们在联合广场附近转悠，希望感受一下属于旧金山风味的纯正夜生活。街角的一家酒吧吸引了我们的注意，它有一个有趣的名字叫做"B&B"，"B&B"通常解释为供应早饭的简易旅舍（Bed & Breakfast），不过这家可绝非如此，它的全称是"饼干和布鲁斯"（Biscuits & Blues）。布鲁斯是一种由非洲裔美国人于艰辛劳动过程中创造的音乐流派，讲究直达心灵的感情流露，是一种土生土长的民间音乐，它与爵士乐同为产生于现代的少数几种新音乐形式。标准的布鲁斯音乐结构相对固定简单，但非常强调即兴发挥，一名优秀的布鲁斯乐手能够仅凭几个音符，创造出丰富的感情表达，并在听众中制造最大的情感共鸣。

▲时间还早，但"饼干和布鲁斯"酒吧门口已经排起了长队。上前一打听才知道，原来今天晚上将会有"重要人物"来此演出。在好奇心的驱使下，我们也走进酒吧凑了一回热闹。

▲位于地下一层的酒吧餐厅，灯光正暗，音乐和酒精将这个阴冷的夜变得蓬松柔软起来。一位戴眼镜的东方男子坐在满室的黑人与白人之中，显得尤为突出。好奇地上前打招呼，我们惊讶地发现，他竟然来自中国香港，而且——是这家布鲁斯酒吧餐厅的老板！

▲史蒂文·孙（Steven Suen）和他的太太定居旧金山已有20多年的时间，在房地产和金融服务业取得成功之后，史蒂文由于一个偶然的机会跨入了这个完全不同的领域。

▲"饼干和布鲁斯"创建于1995年，为了把它同一般的餐饮场所区别开来，当时的创始人想到了结合布鲁斯音乐表演这种特别的形式。如今，"饼干和布鲁斯"已经成为全美国口碑最好的布鲁斯表演酒吧，并且是惟一一家能够有幸邀请到美国布鲁斯音乐界巨星级人物来现场表演的酒吧。比如，今天晚上的主角——Curtis Lawson就是一位旧金山布鲁斯音乐界的重量级人物！

▲Curtis Lawson也绝对称得上是美国布鲁斯音乐界的"古董"，年逾古稀的他从20世纪60年代起就在旧金山湾区演唱布鲁斯了。Curtis Lawson于1934年生于休斯敦，他在旧金山服完兵役后便决定留在本地发展自己的音乐事业。他曾在北滩地区驻唱多年，是一位全能型布鲁斯音乐人，从作曲、填词到现场表演完全

由自己独立完成。Curtis Lawson精力旺盛，不逊于年轻人，他至今还在为灌制唱片而亲力亲为。如果你能和我们一样在现场感受他的表演，或许你才能真正体会到我们的震惊——前一刻，他才颤颤巍巍地被人扶上舞台，但是当第一个音符从琴弦滑过，舞台上分明换了一个人！那激昂的力量、丰沛的情感到底是从哪里来的？这真的是一位古稀老人吗？他表演时的热情和力度绝对不比前面年轻的暖场者差。台下的听众们如痴如醉，但更让我好奇的是作为两个来自完全不同文化背景、不同专业领域的人，Steven和Tina夫妇俩是如何能把这样一家非常本土的音乐酒吧经营得如此有声有色？

▲听到这个问题，夫妻俩默契地相视一笑，Tina的笑容里带着点撒娇的成分，而Steven则多了一份包容。原来，这家酒吧本来是由Tina负责管理的，但是性格爽朗、不拘小节的Tina无法适应生意场的往来应酬以及经营酒吧的巨大压力，于是疼爱妻子的Steven毅然跨界，从零开始。"以前，我更多是和数据打交道，现在则是和人打交道，学到了很多东西，包括美国人对布鲁斯的热爱"，Steven如是说。

▲一对东方文化背景下长大的夫妻，却能在旧金山经营全美国最出色的布鲁斯酒吧之一。这是生活，却是比故事更精彩的现实生活。而它发生在旧金山，也许只有在旧金山这座丰富而深刻、充满无限包容的城市里才有可能于分分秒秒中诞生故事和奇迹……

▲从"饼干和布鲁斯"出来，脚步有点飘，酒精使我更深地沉醉于旧金山的优雅夜色之中。现实与虚幻的旧金山在我的脑海里交错、重叠，让我有点分辨不清了。滑稽的、恐怖的、激情的旧金山我都已经见识过了，"道听途说"而来的旧金山是否还有更多不同样貌呢？抬眼望去，旧金山就躲在这片迷离的夜色中冲着我微笑、招手。"或许，旧金山已经不再对我客套了吧？"我喃喃自语，加快脚步，往属于她的记忆深巷中走去……

Oriental Gateway · Wanyu Culture(http://wanyuculture.com)

Producer: Zhang Luning(ZLN@vip.sina.com), Jin Hao

Editor in chief: Jin Hao, Zhang Luning

Project manager: Amy Zhu Zheng(amy.zhuzheng@gmail.com)

Authors: Li Qifang, Liao Min, Tang Hanting

Photograph & Design: Yao Rong(rong7799@gmail.com)

鸣谢 Million Thanks

在本书长达一年半的准备、采访和制作过程中，感谢这些部门和企业给予了我们巨大的帮助。

A million thanks to the following organizations and corporations to give us the great assistance in the process of preparation, interview and production in the past one and a half years.

Tourism Organizations	**相关部门**
Capital Region USA Inc.	首都地区大华府
The Washington, DC Convention & Tourism Corp.	华盛顿特区旅游局
Annapolis & Anne Arundel County Conference & Visitor Bureau	安纳波利斯旅游局
Alexandria Convention & Visitor Association	亚里克山德拉旅游局
SFO (San Francisco International Airport)	旧金山机场集团
San Francisco Convention & Visitors Bureau	旧金山旅游局
Sonoma County Tourism Bureau	索诺马地区旅游局
Chicago Office of Tourism	芝加哥旅游局
Chicago Sister Cities International Program	芝加哥姐妹城市国际组织
Las Vegas Convention & Visitors Authority	拉斯维加斯旅游局

Hotels	**酒店**
Wynn Las Vegas Hotel	拉斯维加斯永利酒店
Kimpton Hotels	Kimpton 酒店连锁
Park HYATT Washington, DC	华盛顿柏悦酒店

Hotel Palomar	华盛顿帕洛马酒店
Morrison House	亚里克山德拉莫里森酒店
Chicago City Centre Hotel & Sports Club	芝加哥城市中心酒店
Essex Inn of Chicago	芝加哥Essex 酒店
Handlery Hotel of San Francisco	旧金山Handlery 酒店
Prescott Hotel of San Francisco	旧金山普雷斯科特酒店
InterContinental Hotels of San Francisco	旧金山洲际酒店
Restaurants or Bars	**餐馆、酒吧**
Signature room at The 95th	芝加哥Signature 餐馆
Rosa′ s lounge of Chicago	芝加哥Rosa′ s 酒吧
Clyde′ s Gallery Place of Washington, DC	华盛顿克莱德美术宫餐馆
Federal House Bar and Grille of Annapolis	安纳波利斯Federal 餐馆
Buena Vista Caf é of San Francisco	旧金山Buena Vista 餐馆
John′ s Grill of San Francisco	旧金山John′ s Grill 餐馆
Yankee Pier, restaurant of San Francisco	旧金山Yankee Pier 餐馆
Shanghai 1930 of San Francisco	旧金山中餐馆"上海1930"
Sears Fine Foods of San Francisco	旧金山Sears Fine 餐馆
Four Seas of San Francisco	旧金山唐人街四海餐馆
The girl & the fig Restaurant	索诺马女孩和无花果餐厅
Gloria Ferrer Champagne Caves	索诺马Gloria Ferrer 气泡酒酒庄
Scoma′ s in Sausalito	索萨利托Scoma′ s 餐馆
Biscuits & Blues Bar	旧金山Biscuits & Blues 酒吧
Rouge & Blanc	旧金山红与黑酒吧
Cafe de la Presse	旧金山De La Presse 咖啡馆
Boudin Fisherman′ s Wharf Bakery of San Francisco	旧金山Boudin 面包房
Travel Industry Corporations	**旅游相关企业**
Millennium Park of Chicago	芝加哥千禧公园
Adler Planetarium of Chicago	芝加哥阿德勒天文馆
Shedd Aquarium of Chicago	芝加哥Shedd 水族馆
Chicago Architecture Foundation	芝加哥建筑基金会
Chicago Board of Trade	芝加哥期货交易所
PIER 39 (Fisherman′ s Wharf) of San Francisco	旧金山渔人码头
BART (Bay Area Rapid Transit System)	海湾地区快速运输系统
Blue & Gold Fleet	蓝与金渡轮
Teatro ZinZanni	Teatro ZinZanni 马戏团
Extranomical Adventures Travel Agency	Extranomical Adventures 旅行社
Golden Gate National Parks Conservancy	旧金山金门公园管理机构
Alcatraz&Hornblower Cruises & Events	旧金山恶魔岛与号角邮轮公司

图书在版编目（CIP）数据

美国，四种表情／李琦芳，汤涵婷，廖敏著．— 北京：新华出版社，2008．3

ISBN 978-7-5011-8300-5

Ⅰ．美…　Ⅱ．①李…②汤…③廖…　Ⅲ．美国－概况　Ⅳ．K971．2

中国版本图书馆CIP数据核字（2008）第025210号

美国，四种表情

作　　者　李琦芳　汤涵婷　廖敏

责任编辑　孟　通

策　　划　奥格智威　万语文化

执行策划　张路宁　金　浩

特约编辑　金　浩　张路宁　朱　政

摄　　影　姚荣人文摄影工作室

装帧设计　姚　荣

出版发行　新华出版社

地　　址　北京石景山区京原路8号

网　　址　http://press.xinhuanet.com　http://www.xinhuapub.com

邮　　编　100040

印　　刷　上海长阳印刷厂

开　　本　787×1092毫米　16开

印　　张　21

字　　数　150千字

版　　次　2008年3月第1版

印　　次　2008年3月第1次印刷

书　　号　ISBN 978-7-5011-8300-5

定　　价　78.00元

本社购书热线：(010)63077122　　中国新闻书店电话：(010)63072012

图书如有印装问题，请与印刷厂联系调换　电话：(021)50596888